税理士・会計事務所職員
のための

労働保険・
社会保険
の
基礎知識

金山　驍 著　　第2版

中央経済社

はじめに

　令和4年10月から税理士を含めた士業事務所（5人以上の個人士業事務所）の社会保険加入が義務化されました。

　既存の税理士法人などでは社会保険加入は義務となっていますが，社会保険労務士に依頼することなく自法人の労働保険や社会保険の手続きを行っている場合も多いと思われます。

　本書は，ご自身の税理士事務所（税理士法人）の職員の労働保険・社会保険の加入や保険給付手続きなどの実務面でお役立ていただける内容です。

　また，社会保険労務士は税理士からのご紹介で労働保険・社会保険手続きなどに携わる機会が数多くあります。本書は，税理士がクライアント様から税務の相談を受けるときに，一緒に聞かれやすい労働保険・社会保険の予備知識を社会保険労務士の視点でまとめたものです。

　労働保険・社会保険制度は，複雑なうえに，毎年様々な改正が行われます。最近はデジタル化の進展やペーパーレス化により，電子申請の義務化や書類の押印廃止なども進んでいます。

　第2版では，第1版では反映が間に合わなかった，基礎年金番号通知書や出生時育児休業給付金などを追加掲載し，在職老齢年金（65歳未満）の改定箇所も見やすいように表示替えをしています。

　また，最新の保険料率や給付額に変更（一部を除く）しています。

　第1章では労働保険・社会保険の基本的な構成知識を，第2章は要点を押さえた体系的な基礎知識を，第3章からは各保険の具体的な知識を掲載しております。

　税理士事務所や会社運営において，税務と一緒に労働保険・社会保険がどう関わってくるのか，税理士や会計事務所職員に最低限押さえていただきたい基礎知識を，要点をまとめて体系的に網羅しています。

　労働保険・社会保険の予備知識としてご活用いただき，クライアント様のご相談内容によっては，税理士と社会保険労務士が密に連携して，より良いアドバイスが実現されることを切に願っております。

　第2版を発刊することができたのは，ひとえに読者の皆様のおかげです。本当にありがとうございます。

　　2023年2月

金山　驍

目　次

はじめに

第3章　労災保険の基礎知識

　　　● コラム ●　複数事業労働者への労災保険給付／92

第4章　雇用保険の基礎知識

第5章　健康保険・厚生年金保険などの基礎知識

○ コラム ○ こんなにある！
「役立つ」出産・育児に伴う社会保険制度一覧／150

○ コラム ○ 届出書類の押印廃止／178

第6章　給与計算の雇用保険・社会保険の注意点

　　　　○ コラム ○　賃金支払いの5原則／197

　　　　○ コラム ○　年齢による労働保険・社会保険関連の注意点／199

　　　　○ ポイント ○

　　　　≪労働保険年度更新≫兼務役員の賃金・14

　　　　≪健康保険の被扶養者≫被扶養者認定の国内居住要件・37

　　　　≪健康保険の被扶養者≫収入の計算期間の考え方・37

　　　　≪入社時の手続き≫基礎年金番号通知書について・48

　　　　≪退職時の手続き≫退職時に提出してもらうもの，返却する
　　　　もの・52

　　　　≪労災保険の特別加入制度≫海外出張と海外派遣の場合の
　　　　労災保険・90

　　　　≪基本手当（求職者給付）≫マイナンバーカードを活用した
　　　　失業認定・110

　　　　≪出産手当金≫出産予定日より出産が遅れた場合・125

　　　　≪出産手当金≫退職後の出産手当金・126

　　　　≪傷病手当金≫退職後の傷病手当金・141

　　　　≪埋葬料，埋葬費≫資格喪失後の埋葬料，埋葬費・149

　　　　≪老齢年金（老齢基礎年金）≫受給資格期間の短縮・154

　　　　≪老齢年金（老齢厚生年金）≫老齢厚生年金の繰上げと繰下げ・159

　　　　≪給与計算時の健康保険料（介護保険料）の徴収≫報酬月額が

第1章　税理士のための労働保険・社会保険の基本

1　労働保険・社会保険とは

　会社は，従業員を雇用するうえで，労働者災害補償保険（労災保険），雇用保険，健康（介護）保険，厚生年金保険に加入することを義務づけられています。従業員の入社，退社，病気，ケガ，結婚，出産などが発生する都度，様々な手続きが必要になります。

労災保険 （労働者災害補償保険）	業務上や通勤中にケガなどをしたとき，事業主に代わって，必要な給付を行います。また，労働者やその遺族に対し，社会復帰の促進など，福祉の増進をはかるための事業も行っています。
雇用保険	労働者が退職などで失業したり，雇用の継続が困難となった場合に，必要な給付を行います。また，教育訓練や子を教育するための休業をした場合にも必要な給付を行っています。さらに，ハローワークでは，失業の予防や雇用機会の増大，能力の開発などに関する事業も行っています。
健康（介護）保険	健康保険の被保険者が，業務上および通勤の災害以外の事由による病気やケガ，死亡または出産に対して保険給付を行います。また，被保険者だけではなく，被扶養者の病気やケガ，死亡または出産についても保険給付を行います。 健康保険には，全国健康保険協会管掌健康保険（協会けんぽ）と健康保険組合が管理する組合管掌健康保険（組合保険）があります。
厚生年金保険	主に民間の会社員のための公的年金制度で，老後の生活を支えるものです。また，病気やケガなどにより障害者となった場合の本人とその家族のための障害年金や，死亡した場合の遺族年金などがあります。

　一般的には，労災保険と雇用保険を総称して労働保険と呼び，健康（介護）保険と厚生年金保険を総称して社会保険と呼びます。それぞれの取扱い窓口は図表のとおりです。

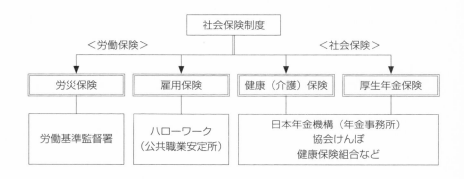

2　労災保険（労働者災害補償保険）の仕組み

(1)　労災保険の目的

　労災保険とは，労働者が業務上または通勤により，負傷・疾病・障害または死亡した場合に，労働者やその遺族のために，必要な保険給付を行う制度です。

　また，保険給付のほかに，被災労働者の社会復帰促進など，労働福祉事業も行っています。

　事業主の災害補償責任は，労働基準法に定められています。国は事業主への労災保険加入を強制し，その結果，労災保険法の適用を受けることになり，被災労働者は，労災保険から補償がなされます（労災保険法の適用を受けない事業主は，災害補償責任を負うことになります）。

(2)　労災保険給付の種類

労災保険給付の種類は，次のとおりです。

①　療養補償（療養）給付

業務または通勤が原因となった傷病の療養を受けるときの給付

②　休業補償（休業）給付

業務または通勤が原因となった傷病の療養のため，労働することができず，賃金を受けられないときの給付

③　傷病補償（傷病）年金

業務または通勤が原因となった傷病の療養開始後，1年6か月たっても傷病が治癒（症状固定）しないで障害の程度が傷病等級に該当するときの給付

④　障害補償（障害）給付

業務または通勤が原因となった傷病が治癒（症状固定）して障害等級に該当する身体障害が残ったときの給付

⑤　遺族補償（遺族）給付

業務または通勤が原因で労働者が死亡したときに遺族に支給される

⑥　葬祭料・葬祭給付

労働者が死亡し，葬祭を行ったときの給付

⑦　介護補償（介護）給付

障害補償（障害）年金または傷病補償（傷病）年金の一定の障害により，現に介護を受けているときの給付

⑧　二次健康診断等給付

　事業主が実施する健康診断等において，血液検査，血圧検査その他業務上の事由による脳血管疾患および心臓疾患に関する検査で，いずれの項目にも異常の所見があると診断された場合の給付

　※各給付の詳細につきましては，後述（P.68〜）します。
　※令和2年9月より複数事業労働者への労災保険給付（P.92コラム参照）が始まり，正確には「○○補償（○○）等給付」としますが，本書では業務災害と通勤災害に分け，わかりやすく記載しています。

3　雇用保険の仕組み

(1)　雇用保険の目的

　雇用保険は労災保険と同様に，政府が管掌する強制保険制度です。
　雇用保険の目的は次のとおりです。

①　労働者が退職などで失業したり，雇用の継続が困難となった場合や教育訓練を受けた場合に必要な給付を行います。また，子の養育などで休業をした場合にも必要な給付を行っています。
②　失業の予防，雇用状態の是正および雇用機会の増大，労働者の能力の開発および向上その他労働者の福祉の増進を図るための二事業を実施しています。

(2)　雇用保険の体系

　雇用保険の中心になる事業は失業等給付で，求職者給付，就職促進給付，教育訓練給付，雇用継続給付に大別されます。
　その他，育児休業給付と雇用保険二事業である雇用安定事業，能力開発

事業があります。雇用安定事業では様々な助成金が支給されます。

　　※詳細につきましては，後述（P.95～）します。

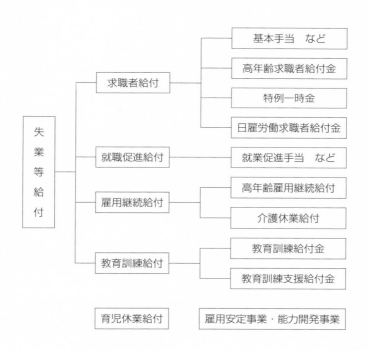

4　健康保険の仕組み

(1)　健康保険の目的

　日本の医療保険制度は，「国民皆保険制度」であり，会社員などが加入する「健康保険」と自営業者や年金受給者が加入する「国民健康保険」の2種類があります。健康保険は，被保険者やその扶養家族が業務上や通勤途上以外の事由による病気，ケガ，死亡または出産について保険給付を行い，生活の安定を図っています。

| 健康保険と国民健康保険の違い |

> 健康保険は，標準報酬月額（P.179参照）などで保険料が決定されます。国民健康保険は，前年の所得をもとに保険料が決定されるため，会社を退職し，国民健康保険に切り替えた場合，割高になることもあります。給付に関しては，健康保険には傷病手当金や出産手当金などの制度がありますが，国民健康保険にはありません。

(2) 保険者

　健康保険事業の主体として，保険料を徴収したり，保険給付などを行うものをいいます。健康保険の保険者は，「協会けんぽ（全国健康保険協会）」と「健康保険組合」の2種類があります。

　※医師や歯科医師，その労働者などが加入する「国民健康保険組合」もあります。

■協会けんぽ（全国健康保険協会）

　健康保険組合に加入している組合員以外の被保険者を管掌しています。平成20年10月に政府管掌健康保険（国が運営）から協会けんぽ（公法人）に改変されました。協会けんぽの組織は，東京都に本部があり，各都道府県に支部があります。

■健康保険組合

　健康保険組合は，厚生労働大臣の認可を受けて健康保険事業の運営を行い，組合員である被保険者の健康保険を管掌します。

　大企業など単独で健康保険組合を設立しているものを「単一健康保険組合」，同種同業の事業所集団で設立しているものを「総合健康保険組合」としています。法定給付に加えて附加給付を実施していたり，独自のサービスや補助などをしていることが大きな特徴です。

(3)　健康保険の窓口

■協会けんぽ

協会けんぽの都道府県支部が窓口となります。

ただし，厚生年金保険と共通する届出は，年金事務所（郵送の場合，日本年金機構都道府県事務センター）へ提出します。

①協会けんぽへ提出する代表的なもの
• 傷病手当金，出産手当金など健康保険の保険給付の申請
• 任意継続被保険者関係の届出
• 健康保険被保険者証再交付申請　など
②年金事務所へ提出する代表的なもの
• 新規適用届などの事業所関係の届出
• 被保険者資格取得届，喪失届，健康保険被扶養者（異動）届などの被保険者資格関係の届出
• 健康保険被保険者資格証明書交付申請書の届出
• 標準報酬月額決定（算定基礎届，月額変更届など）のための届出
• 産前産後・育児休業等取得者申出書・終了届などの出産および育児休業関係の届出

■健康保険組合

加入している各健康保険組合が窓口となります。

5　厚生年金保険の仕組み（国民年金と厚生年金の違い）

(1)　厚生年金保険の目的

厚生年金保険は，被保険者の老齢，障害または死亡について必要な保険給付を行うことを目的としています。事業主と加入者が保険料を負担し合う会社員のための公的年金制度です。

　保険給付は，老後のための老齢厚生年金，病気やケガをして障害者になった場合の障害厚生年金，本人が死亡した場合の遺族厚生年金などがあります。

　公的年金制度は2階建てになっています。1階部分は，「国民年金（基礎年金）」で，2階部分は「厚生年金」です。厚生年金は，加入者を対象に，加入期間と報酬額に応じて支給されます。

厚生年金の仕組み①

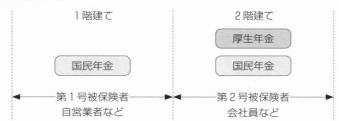

厚生年金の仕組み②

　国民年金法では，被保険者種別を第1号被保険者，第2号被保険者，第3号被保険者としています。会社員などは，適用事業所に入社して厚生年金に加入すると同時に国民年金にも加入することになります。

①　第1号被保険者（自営業者，学生，無職の人など）

　日本国内に住所を有する20歳以上60歳未満の人

② 第2号被保険者（会社員）

　厚生年金保険法の被保険者（65歳以上70歳未満で老齢（退職共済）年金を受けられる人を除きます）

③ 第3号被保険者（会社員の配偶者）

　第2号被保険者によって生計を維持されている20歳以上60歳未満の配偶者

(2)　保険者

　厚生年金事業を行う保険者は，国（政府）です。

(3)　厚生年金保険の窓口

　日本年金機構は，業務運営を行うため，各地区に年金事務所を置いています。厚生年金保険の窓口は，各地区の年金事務所です。

　郵送の場合，日本年金機構都道府県事務センターへ提出します。

6　労働保険・社会保険の年間スケジュール

≪労働保険年度更新，社会保険算定基礎届など≫

　労働保険年度更新手続きや社会保険算定基礎届の手続きなどは，毎年手続き時期が決まっており，期限までに書類を作成して，提出する必要があります。

	時期	保険区分	手続き
4月	4月1日～	労働保険 社会保険	新入社員入社に伴う，雇用保険・社会保険加入手続き
6月	6月1日～7月10日	労働保険	労働保険概算・確定保険料申告書の提出（労働保険年度更新）
7月	7月10日まで	労働保険	労働保険料の納付期限（第1期）
	7月15日頃	労働保険	雇用状況報告書（高齢者，障害者）
	7月1日～7月10日	社会保険	算定基礎届の提出
10月	10月31日まで	労働保険	労働保険料の納付期限（第2期）
1月	1月31日まで	労働保険	労働保険料の納付期限（第3期）

≪給与計算事務関連≫

　労働保険料率や社会保険料率は，毎年一定時期に改定になる可能性があります。3月頃に協会けんぽ（健康保険組合）や厚生労働省のホームページを確認しましょう。

時期	保険区分	給与計算
4月頃	労働保険	雇用保険料率変更に伴う控除額の変更（4月に料率改定がある場合）
4月頃	社会保険	健康保険・介護保険料率変更に伴う控除額の変更（3月に料率改定がある場合で社会保険料を翌月徴収している場合）

≪労働安全衛生法関連≫

　労働災害が発生した場合は，「労働者死傷病報告」を労働基準監督署に提出する必要があります。休業4日以上の労働災害の場合は，遅滞なく提出し，休業4日未満の労働災害の場合は，次の表に定めるとおり，期間ごとに発生した労働災害を取りまとめて報告します。労災保険給付申請時（後）に，「労働者死傷病報告」の提出を失念することもありえますので，注意しましょう。

時期	労働災害発生期間
4月末日までに報告	1〜3月分
7月末日までに報告	4〜6月分
10月末日までに報告	7〜9月分
1月末日までに報告	10〜12月分

7 労働保険年度更新

　労災保険料と雇用保険料は，保険年度（4月1日から3月31日まで）を単位として計算します。1年に1度，毎年6月1日から7月10日（通常の年）までの間に申告・納付します。

(1)　概算保険料と確定保険料の計算

　労働保険料は，労働保険料算定の対象期間のはじめに概算額で申告・納付し，その期間終了後に確定額を計算します。

　　概算保険料：保険年度（4月1日から3月31日まで）のはじめに1年
　　　　　　　　　分の保険料をおおよその見込み額で前払いする保険料

　　確定保険料：前年の保険年度が終了したときに実際の賃金総額をもと
　　　　　　　　　に計算した正確な保険料

　確定保険料と計算していた概算保険料とを調整して，概算保険料が過払いになっていた場合は，還付もしくは充当になり，不足がある場合は，差額を納付することになります。毎年繰り返されるため，この手続きを「労働保険の年度更新」といいます。

　次の①〜③の手順に沿って手続きを進めていきます。

> ① 事業所の労災保険料率，雇用保険料率を確認する。
> ↓
> ② 前年度（前年4月1日～3月31日）の賃金総額を集計する。
> ↓
> ③ 賃金総額に労災保険・雇用保険の保険料率を乗じて，確定保険料を算出する。

① 事業所の労災保険料率，雇用保険料率を確認する。

労災保険料率は業種によって異なり，2.5／1,000から88／1,000まであります。労災事故が起こりやすい業種ほど労災保険料率は高くなります。

労災保険料は，全額事業主負担となります。

雇用保険の各保険料率（令和3年度）は，次のとおりです。

	雇用保険料率	労働者負担	事業主負担
一般の事業	9／1,000	3／1,000	6／1,000
農林水産・清酒製造の事業	11／1,000	4／1,000	7／1,000
建設の事業	12／1,000	4／1,000	8／1,000

※令和5年4月～の雇用保険料率はP.184をご参照ください。

② 前年度（前年4月1日～3月31日）の賃金総額を集計する。

賃金総額とは，賃金，給与，手当，賞与その他名称のいかんを問わず，労働の対償として労働者に支払う全てのものです。税金や社会保険料などを控除する前の支払総額となります。

「支払月に払われた賃金」ではなく「前年4月1日～3月31日」の算定期間中に確定した賃金を算入します。3月の賃金が4月に支払われる場合は，算入となります。

恩恵的なもの，福利厚生的なもの，実費弁償的なものは賃金となりません。たとえば結婚祝金や出張旅費など，賃金とならないものは算入しません。詳しく図表「賃金となるもの，ならないもの」をご参照ください。

労 災 保 険 率 表

（単位：1/1,000）　　　　　　　　　　　　　　　　　　　　　　　　　　（平成30年4月1日施行）

事業の種類の分類	業種番号	事業の種類	労災保険率
林　　　　業	02又は03	林業	60
漁　　　　業	11	海面漁業（定置網漁業又は海面魚類養殖業を除く。）	18
	12	定置網漁業又は海面魚類養殖業	38
鉱　　　　業	21	金属鉱業、非金属鉱業（石灰石鉱業又はドロマイト鉱業を除く。）又は石炭鉱業	88
	23	石灰石鉱業又はドロマイト鉱業	16
	24	原油又は天然ガス鉱業	2.5
	25	採石業	49
	26	その他の鉱業	26
建　設　事　業	31	水力発電施設、ずい道等新設事業	62
	32	道路新設事業	11
	33	舗装工事業	9
	34	鉄道又は軌道新設事業	9
	35	建築事業（既設建築物設備工事業を除く。）	9.5
	38	既設建築物設備工事業	12
	36	機械装置の組立て又は据付けの事業	6.5
	37	その他の建設事業	15
製　造　業	41	食料品製造業	6
	42	繊維工業又は繊維製品製造業	4
	44	木材又は木製品製造業	14
	45	パルプ又は紙製造業	6.5
	46	印刷又は製本業	3.5
	47	化学工業	4.5
	48	ガラス又はセメント製造業	6
	66	コンクリート製造業	13
	62	陶磁器製品製造業	18
	49	その他の窯業又は土石製品製造業	26
	50	金属精錬業（非鉄金属精錬業を除く。）	6.5
	51	非鉄金属精錬業	7
	52	金属材料品製造業（鋳物業を除く。）	5.5
	53	鋳物業	16
	54	金属製品製造業又は金属加工業（洋食器、刃物、手工具又は一般金物製造業及びめつき業を除く。）	10
	63	洋食器、刃物、手工具又は一般金物製造業（めつき業を除く。）	6.5
	55	めつき業	7
	56	機械器具製造業（電気機械器具製造業、輸送用機械器具製造業、船舶製造又は修理業及び計量器、光学機械、時計等製造業を除く。）	5
	57	電気機械器具製造業	2.5
	58	輸送用機械器具製造業（船舶製造又は修理業を除く。）	4
	59	船舶製造又は修理業	23
	60	計量器、光学機械、時計等製造業（電気機械器具製造業を除く。）	2.5
	64	貴金属製品、装身具、皮革製品等製造業	3.5
	61	その他の製造業	6.5
運　輸　業	71	交通運輸事業	4
	72	貨物取扱事業（港湾貨物取扱事業及び港湾荷役業を除く。）	9
	73	港湾貨物取扱事業（港湾荷役業を除く。）	9
	74	港湾荷役業	13
電気、ガス、水道又は熱供給の事業	81	電気、ガス、水道又は熱供給の事業	3
その他の事業	95	農業又は海面漁業以外の漁業	13
	91	清掃、火葬又はと畜の事業	13
	93	ビルメンテナンス業	5.5
	96	倉庫業、警備業、消毒又は害虫駆除の事業又はゴルフ場の事業	6.5
	97	通信業、放送業、新聞業又は出版業	2.5
	98	卸売業・小売業、飲食店又は宿泊業	3
	99	金融業、保険業又は不動産業	2.5
	94	その他の各種事業	3
	90	船舶所有者の事業	47

（出所）　厚生労働省（令和3年度も上記表の保険料率です）

≪賃金となるもの，ならないもの≫

賃金となるもの	賃金とならないもの
●基本給・固定給等基本賃金 ●時間外労働手当・深夜手当・休日手当など ●扶養手当・子供手当・家族手当など ●宿・日直手当　●役職手当・管理職手当など ●地域手当　　●住宅手当　　●教育手当 ●単身赴任（別居）手当　●技能手当 ●特殊作業手当　●奨励手当 ●物価手当　　　●調整手当 ●賞与　　　　　●通勤手当 ●休業手当　　　●前払い退職金 ●定期券・回数券など ●創立記念日等の祝金（恩恵的なものでなく，かつ，全労働者または相当多数に支給される場合） ●チップ（奉仕料の配分として事業主から受けるもの） ●雇用保険料その他社会保険料（労働者の負担分を事業主が負担する場合） ●住居の利益（社宅などの貸与を行っている場合のうち貸与を受けない者に対し均衡上住宅手当を支給する場合）	○休業補償費　　　○退職金 ○結婚祝金　　　　○死亡弔慰金 ○災害見舞金　　　○増資記念品代 ○私傷病見舞金 ○解雇予告手当（労働基準法第20条の規定に基づくもの） ○年功慰労金 ○出張旅費・宿泊費など（実費弁償的なもの） ○制服 ○会社が全額負担する生命保険の掛金 ○財産形成貯蓄のため事業主が負担する奨励金など（労働者が行う財産形成貯蓄を推奨援助するため事業主が労働者に対して支払う一定の率または額の奨励金など） ○住居の利益 （一部の労働者に社宅などの貸与を行っているが，他の者に均衡給与が支給されない場合）

　賃金総額をまとめる上で，算定基礎賃金集計表を活用すると良いでしょう。厚生労働省のホームページからダウンロードできます。各都道府県労働局からも申告書類とともに郵送されます。

≪ポイント≫兼務役員の賃金
　法人の取締役，理事などで同時に労働者の身分を有する兼務役員に支払われる賃金については，「役員報酬」の部分を除き，労働者として支払われる賃金部分のみを計算に算入します。

③　賃金総額に労災保険・雇用保険の保険料率を乗じて，確定保険料を算
出する。

小売業の事例	
令和2年度見込賃金総額	8,000万円
令和2年度実績賃金総額	8,500万円

■令和2年度の概算保険料

概算労災保険料：8,000万円×3／1,000＝240,000円

概算雇用保険料：8,000万円×9／1,000＝720,000円

概算保険料：240,000円＋720,000円＝960,000円

■令和2年度の確定保険料

確定労災保険料：8,500万円×3／1,000＝255,000円

確定雇用保険料：8,500万円×9／1,000＝765,000円

確定保険料：255,000円＋765,000円＝1,020,000円

960,000－1,020,000＝△60,000円が不足額となります。

■令和3年度の概算保険料

概算労災保険料：8,500万円×3／1,000＝255,000円

概算雇用保険料：8,500万円×9／1,000＝765,000円

概算保険料：255,000円＋765,000円＝1,020,000円

一般拠出金：8,500万円×0.02／1,000＝1,700円

※一般拠出金とは，「石綿による健康被害の救済に関する法律」により，石綿（ア
スベスト）健康被害者の救済費用に充てるための拠出金です。

　令和3年度概算保険料1,020,000円＋一般拠出金1,700円＋不足額60,000円＝1,081,700円を令和3年（6月1日〜7月10日）に申告納付することになります。

(2)　労働保険料の納付

　「労働保険概算・確定保険料申告書」と「納付書」を作成し，これに概算保険料を添えて納付します。申告書と納付書は切り離さずに提出します。納付先は，管轄の労働基準監督署または都道府県労働局，日本銀行（本店，支店，代理店，および歳入代理店（全国の銀行，信用金庫，郵便局など））となります。

　また，労働保険料は，次の要件に該当する場合，3回にわけて納付（延納）することが可能です。

①　当年度の概算保険料が40万円以上の場合

　（労災保険または雇用保険のいずれかのみ保険関係が成立している場合20万円以上）

②　労働保険事務組合に事務手続きを委託している場合（概算保険料の金額にかかわらず延納が可能です）

■延納したときの納付期限（通常の年）

	分割（3回）		
	第1期	第2期	第3期
一般の事業	7月10日 （口座振替は9月6日）	10月31日 （口座振替は11月14日）	1月31日 （口座振替は2月14日）

○年度更新手続き

提出先	管轄の労働基準監督署，都道府県労働局，金融機関など
必要書類	労働保険概算・確定保険料申告書（納付書）
添付書類など	なし
提出をする人	事業主
期日	6月1日〜7月10日まで

○ コラム ○

労働保険・社会保険未加入のリスク

1）労働保険への未加入のリスク

＜設例＞
　A社は，労働保険料の負担を惜しんで，労働者（パートタイマー含む）15人を労災保険に加入させていませんでした。ところが，賃金日額が1万円の労働者が，大きな労災事故で死亡してしまいました。遺族には，労災保険給付から遺族補償一時金が支払われます。この場合，どのようなリスクが想定されるでしょうか。

■労働保険料の遡及納付
　労働保険に加入していなかった場合，最大で過去2年分の保険料を遡及納付することになります。また，追徴金（10％）も課せられます。
　その他に，労災保険に加入していなかった期間に労災事故が起こった場合は，次に定める金額が徴収されます。
① 労働保険の加入手続きについて労働局などの行政機関から加入勧奨や指導を受けていた場合
　⇒事業主が故意に手続きを行わなかったと認定され，保険給付額の100％を徴収されます。
② ①以外で労働保険の適用事業所となってから1年を経過していた場合
　⇒事業主が重大な過失により手続きを行わなかったと認定され，保険給付額の40％を徴収されることになります。

　設例の場合，故意に手続きを行っていなかった場合，1万円×1,000日分＝1,000万円の遺族補償一時金と，最大2年間遡った15人分の労働保険料および追徴金（10％）が徴収されます。

　雇用保険に加入していないと，労働者が退職した場合の失業手当の加入期間に影

響（損害賠償責任の発生）してきますので，こちらも併せて注意が必要です。

2）社会保険への未加入のリスク

> <設例>
> 　従業員15人を抱えるＣ社では，労働保険には加入していましたが，「社会保険料は高すぎる！」との理由で社長のみ社会保険に加入していました。
> 　ある日，将来や現状の補償に不安を覚えた従業員が年金事務所に相談した結果，調査が入ることになりました。この場合，どのようなリスクが考えられるでしょうか。

■社会保険料の遡及納付

従業員15人で，賃金（平均）が30万円の場合

社会保険加入手続きを怠っていた会社は，最大で過去２年分の社会保険料を遡及納付する可能性が出てきます。

現在（東京都（令和４年３月〜）の場合）の健康保険料率（9.81％），厚生年金保険料率（18.3％）をベースにおおよその金額で考えると，29,430円（健康保険）＋54,900円（厚生年金保険）＝84,330円×15人×24か月（２年）＝約3,000万円【会社＋従業員負担分合算】を支払わなくてはならなくなる可能性があります。

社会保険料は，労働保険料より，費用負担が多いため，遡及納付する場合の負担も，とても大きくなります。

しかも，従業員に遡及して過去２年分の保険料を納付してもらうといった場合には，同意が必要なので，説明が一苦労です。給与関連書類も全て訂正する必要があります。

また，未加入期間は，従業員は国民健康保険・国民年金に加入していますので，その差額精算も大変です。仮に５年前から従業員が加入していなかった場合は，加入は最大５年前から認められますが，保険料は，原則２年分しか遡って納付できません。年金のカラ期間が生じ，従業員が不利益を被ってしまいます。

「従業員が年金受給資格期間に満たない」，「本来受給すべき年金額が不足している」という不利益への損害賠償責任を負うことになります。

建設業やトラック運送業では，社会保険の未加入事業者に対して，厳しく罰則を

設けています。このようなリスクを回避するためにも，社会保険には適正に加入しましょう。

第2章　労働保険・社会保険の基礎知識

1　労働保険・社会保険の加入事業所

(1)　労働保険の加入事業所

　労働保険は，労働者を1人でも雇用していれば加入しなくてはなりません（強制加入）。

　雇用保険の被保険者となるべき労働者がいない場合は，労災保険のみ加入することになります。農林水産業のうち，常時使用する労働者が5人未満の個人経営の事業は，労働保険の加入が任意で「暫定任意適用事業」といいます。

≪労働保険の加入事業所≫

当然適用事業
○労災保険の加入事業所 　労働者（パートタイマー，アルバイト含む）を一人でも雇用していること ○雇用保険の加入事業所 　雇用保険の被保険者となるべき労働者（パートタイマー，アルバイト含む）を一人でも雇用していること

暫定任意適用事業（任意加入）
農林水産業のうち，常時使用する労働者が5人未満の個人経営の事業

※労災保険は，上記の他に，諸条件があります。

⑵　社会保険（健康保険・厚生年金保険）の加入事業所

　健康保険・厚生年金保険は，法人の事業所および従業員が常時5人以上いる個人の事業所（農林漁業，サービス業などを除く）の場合，加入しなくてはなりません。

■適用単位

　社会保険の適用単位は，会社単位ではなく，事業所単位で適用されます。

　ただし，賃金の支払いや指揮監督などが本社で行われ，事業所が独立的機能を持っていない場合は，本社などでの加入となります。

≪社会保険の強制適用事業所≫

① 　常時1人以上の従業員（事業主のみの場合を含みます）を使用する法人の事業所

② 　常時5人以上の従業員を使用する適用業種の個人事業所

　　常時5人以上とは，通常は5人以上の従業員が働いているが，たまたま退職者が出て，一時的に5人未満になったとしても，該当になります。

　　適用業種は，令和3年7月現在，16業種あります。

適　用　業　種	適用業種以外の業種
① 　製造業	① 　農林水産畜産業
② 　土木建築業	② 　漁業
③ 　鉱業	③ 　旅館・宿泊業
④ 　電気ガス業	④ 　飲食業
⑤ 　運送業	⑤ 　理容・美容業
⑥ 　貨物荷役業	⑥ 　クリーニング業
⑦ 　焼却，清掃，屠殺業	⑦ 　銭湯（浴場業）
⑧ 　物品販売業	⑧ 　清掃等サービス業
⑨ 　金融保険業	⑨ 　映画・娯楽業
⑩ 　保管賃貸業	⑩ 　宗教業
⑪ 　媒介周旋業	⑪ 　警備業
⑫ 　集金，案内，広告業	⑫ 　士業[※]
⑬ 　教育，研究，調査業	など

⑭	医療事業	
⑮	通信報道事業	※⑫の士業は，令和4年10月から適用業種となります。
⑯	社会福祉事業，更生保護事業	

■士業事務所も適用業種に（令和4年10月～）

　法定16業種以外の個人事業所は非適用でしたが，法改正で見直されることになりました。弁護士・税理士・社会保険労務士などの法律・会計事務を取り扱う士業については，他の業種と比べても法人割合が著しく低いこと，社会保険の事務能力などの面から支障はないと考えられ，適用業種になります。弁護士・司法書士・行政書士・土地家屋調査士・公認会計士・税理士・社会保険労務士・弁理士・公証人・海事代理士，沖縄弁護士，外国法事務弁護士が適用対象です。常時5人以上の従業員を使用する個人事業所が対象になります。

≪任意適用事業所≫

　適用事業所以外の事業所（次の①または②に該当する事業所）であっても，従業員の半数以上が厚生年金保険の適用事業所となることに同意し，事業主が申請して厚生労働大臣の認可を受けることにより適用事業所となることができます。

①	適用業種であって，使用する従業員が4人以下の個人事業所
②	飲食業・理美容業などのサービス業など，適用業種に当てはまらない個人事業所

　被保険者となるべき人の2分の1以上の同意を得て，厚生労働大臣の認可があったときは適用事業所になります。

2　労働保険・社会保険に新しく加入する場合の手続き

　新しく労働保険，社会保険に加入する場合は，次の手続きが必要です。

(1) 労災保険

　事業所を管轄する労働基準監督署に「労働保険　保険関係成立届」と「労働保険概算・確定保険料申告書」を提出します。提出したときに新しく14桁の労働保険番号が振り出されます。この労働保険番号は事業所ごとに振り出される番号で，労災保険の給付申請や様々な手続きで必要になります。

(2) 雇用保険

　「雇用保険適用事業所設置届」を，事業所を管轄するハローワークに提出します。労働基準監督署で振り出された労働保険番号を記載します。同時に雇用保険に加入する労働者の「雇用保険被保険者資格取得届」も提出します。

≪労災保険新規加入手続き≫

提出先	所轄労働基準監督署
必要書類	労働保険　保険関係成立届
	労働保険概算・確定保険料申告書（納付書）
添付書類など	法人登記簿謄本，事業開始を証明するもの
提出をする人	事業主
期日	保険関係成立届：保険関係成立日の翌日から10日以内
	労働保険概算・確定保険料申告書：保険関係成立日の翌日から50日以内

≪雇用保険新規加入手続き≫

提出先	管轄のハローワーク
必要書類	雇用保険適用事業所設置届
	雇用保険被保険者資格取得届
添付書類など	法人登記簿謄本，個人事業の場合は事業主の住民票記載事項証明書，事業開始が確認できる書類（営業許可書など）

提出をする人	事業主
期日	雇用保険適用事業所設置届：設置日の翌日から10日以内 雇用保険被保険者資格取得届：雇入れ日の翌月10日まで

(3)　社会保険

　事業所を管轄する年金事務所（事務センター）に「健康保険・厚生年金保険新規適用届」を提出します。同時に社会保険に加入する従業員の「健康保険・厚生年金保険被保険者資格取得届」も提出します。新規適用届が受理された後，「適用通知書」が発行されます。適用通知書には，「事業所整理記号」と「事業所番号」が記載されています。この記号・番号は社会保険の各手続きで必要になります。

≪社会保険新規加入手続き≫

提出先	管轄の年金事務所（事務センター）
必要書類	健康保険・厚生年金保険 新規適用届 健康保険・厚生年金保険 被保険者資格取得届 保険料口座振替申出書
添付書類など （一緒に提出）	法人登記簿謄本 個人事業の場合は事業主の世帯全体の住民票 賃貸契約書のコピー（所在地が登記上と異なる場合） 健康保険被扶養者（異動）届 国民年金第3号被保険者関係届 年金手帳再交付申請書
提出をする人	事業主
期日	事実発生から5日以内

3 労働保険（労災保険・雇用保険）の加入対象者

労災保険および雇用保険の加入対象者は次のように定められています。

■労災保険

適用事業に使用される労働者が対象になります。常用，アルバイト，日雇いなど雇用形態を問いません。個々の労働者の加入手続きは必要ありません。

※国家公務員災害補償等の適用を受ける人は，対象になりません。

■雇用保険

雇用保険の適用事業に雇用される労働者は，一定の条件のもと，被保険者になります。ただし，次の1）～6）の場合は除かれます。

> 1）1週間の所定労働時間が20時間未満である者
> 2）同一の事業主の適用事業に継続して31日以上雇用されることが見込まれない者
> 3）季節的に雇用される者であって，次の①または②に該当するもの
> ① 4か月以内の期間を定めて雇用される者
> ② 1週間の所定労働時間が30時間未満の者
> 4）学校教育法第1条に規定する学校，同法第124条に規定する専修学校または同法第134条に規定する各種学校の学生または生徒（卒業予定者であって，適用事業に雇用され，卒業後も引き続きその事業に雇用される者，定時制の課程に在学する者等を除く）
> 5）船員であって，特定漁船以外の漁船に乗り組むために雇用される者（1年を通じて船員として雇用される場合を除く）
> 6）国，都道府県，市区町村等の事業に雇用される者のうち，離職した場合に，他の法令，条例，規則等に基づいて支給を受けるべき諸給与の内容が，雇用保険の求職者給付および就職促進給付の内容を超えると認められる者

≪その他，特殊な取扱い≫

■同居の親族の取扱い（労災保険，雇用保険共通）

原則として労働者（被保険者）になりませんが，次の条件を満たす場合は，該当になります。

① 業務を行うにつき，事業主の指揮命令に従っていることが明確であること
② 就労の実態が，その事業所の他の労働者と同じであり，賃金，労働時間などの労働条件もそれに応じていること
③ 事業主と利益を一にする地位（取締役等）にないこと

■派遣労働者の取扱い

労災保険も雇用保険も原則的には派遣元の事業所で適用されます。ただし，登録型派遣は派遣の都度雇用契約を締結するため，次のいずれの要件にも該当する場合には被保険者となります。

① 反復継続して派遣就業するものであること
　次のaまたはbに該当する場合がこれにあたります。
　a．1つの派遣元事業主に31日以上引き続き雇用されることが見込まれること
　b．1つの派遣元事業主との間の雇用契約が31日未満であって，aにあたらない場合であっても雇用契約と次の雇用契約の間隔が短く，その状態が通算して31日以上続く見込みがあること
　（この場合，雇用契約については派遣先が変わっても差し支えありません）
② 1週間の所定労働時間が20時間以上であること

■出向労働者の取扱い

(1)　労災保険

出向先事業主の指揮監督を受けて労働しますので，出向先の労災保険の適用を受けることになります。

(2)　雇用保険

生計を維持するのに必要な主たる賃金を受ける雇用関係において被保険者となります。

○65歳以上の労働者の雇用保険適用拡大

　平成29年1月1日以降，65歳以上の労働者についても雇用保険の適用対象となりました。新たに65歳以上の労働者を雇用するときは，雇用保険の加入手続きが必要になります。

4 　兼務役員の雇用保険

　法人の役職者は原則として雇用保険の被保険者とはなりません。

　ただし，取締役や理事などの役員（業務執行権または代表権を有さない人）が，工場長，部長の職などで賃金を受ける場合は，その部分については，雇用保険の被保険者として取り扱われる可能性があります。

　役員と労働者を兼ねる人を「兼務役員」といいますが，委任関係（役員）に基づき支払われる役員報酬と，雇用関係（労働者）に基づき労働の対償として支払われる賃金との支払比率などからみて，労働者性が強く雇用関係がある場合に限り被保険者として取り扱われます。

(1)　兼務役員と認められる要件

　兼務役員と認められるには，次の要件を満たす必要があります。

　①　代表取締役でないこと

　②　業務執行権または代表権を有さないこと

　③　労働の対償として賃金を受けていること

　④　労働者としての賃金が役員報酬より多く支払われていること

　⑤　労働者と同様に，就業規則などが兼務役員にも適用されること

　などから，総合的に判断されます。

(2)　兼務役員の実務上の注意点

①　給与計算時

役員報酬を除いた賃金額（労働者分の額）に雇用保険料の徴収が必要です。

②　労働保険料申告時

役員報酬を除いた賃金額（労働者分の額）を賃金総額に含めて申告します。

③　退職時

離職票には，役員報酬を除いた賃金額（労働者分の額）を記載します。

④　兼務役員が専任役員になった，役員報酬が労働者部分の賃金額を上回ったとき

雇用保険被保険者資格喪失届をハローワークに提出する必要があります。

≪兼務役員労働保険加入手続き≫

提出先	管轄のハローワーク
必要書類	兼務役員雇用実態証明書 （雇用保険被保険者資格取得届と一緒に）
添付書類	労働者名簿・賃金台帳・出勤簿・賃金規程・就業規則・登記事項証明書・定款・取締役会議事録・人事組織図・役員報酬規程・その他
提出をする人	事業主
期日	すみやかに

※労災保険の手続きは必要ありません。

5 社会保険（健康保険・厚生年金保険）の加入対象者

次の①，②の要件を満たす場合，被保険者となります。（4分の3要件）

| ① | 1週間の所定労働時間が同一の事業所に使用される通常の労働者の4分の3以上 |
| ② | 1か月間の所定労働日数が同一の事業所に使用される通常の労働者の4分の3以上 |

　法人の代表取締役は，法人の業務を行い，報酬を得ている場合は，被保険者となります。取締役などの場合は，実態で判断します。

　健康保険は後期高齢者医療の被保険者など（75歳以上の人など），厚生年金保険は70歳以上の人は被保険者となりません。介護保険は，40歳以上65歳未満の人で，協会けんぽ・健保組合などの医療保険加入者は第2号被保険者となります。

　適用事業所に雇用されていても，次に該当する人は，適用除外になります。
① 日々雇い入れられる人
　1か月を超えて引き続き使用される人は，その期間を超えた日から被保険者となります。
② 臨時に使用される人で，2か月以内の期間を定めて使用される人
　定められた期間を超えて引き続き使用される人は，その期間を超えた日から被保険者となります（令和4年10月から要件が厳しくなります）。
③ 季節的業務（4か月以内）に使用される人（酒造，海の家など）
　最初から4か月を超えた期間の契約で使用される人は，入社当初から被保険者となります。
④ 臨時的事業の事業所（6か月以内）に使用される人（博覧会など）
　最初から6か月を超えた期間の契約で使用される人は，入社当初から被

保険者となります。

⑤　所在地の一定しない事業所に使用される人

⑥　船員

⑦　国民健康保険組合に使用される人　　　など

6　社会保険の適用拡大

　前項記述の4分の3要件を満たさない場合でも，次の①から⑤までの要件を満たす場合，健康保険，厚生年金保険の被保険者となります。

①　週の所定労働時間が20時間以上であること

②　雇用期間が1年以上見込まれること

　令和4年10月からは，「雇用期間が1年以上見込まれること」の要件は，実務上の取扱いも踏まえて撤廃され，「雇用期間が2か月超見込まれること」になります。

③　賃金の月額が8.8万円以上であること

④　学生でないこと

⑤　被保険者の総数が常時500人を超える適用事業所（特定適用事業所）
　　に使用されていること

　⑤については，令和4年10月からは100人超，令和6年10月からは50人超に対象が拡大されていきます。

　次の図表は，社会保険適用拡大のスケジュールとなります。

	平成28年10月〜	令和4年10月〜	令和6年10月〜
労働時間要件	週所定労働時間20時間以上	週所定労働時間20時間以上	週所定労働時間20時間以上
勤務期間要件	雇用期間が1年以上見込まれる	雇用期間が「2か月超」見込まれる	雇用期間が「2か月超」見込まれる
賃金要件	賃金月額8.8万円以上	賃金月額8.8万円以上	賃金月額8.8万円以上
学生除外要件	学生でないこと	学生でないこと	学生でないこと
企業規模要件	被保険者総数が常時500人超（501人以上）	被保険者総数が常時100人超（101人以上）	被保険者総数が常時50人超（51人以上）

　平成29年4月からは，従業員500人以下の会社で働くパートタイマーも，労使で合意すれば，会社単位で社会保険に加入できるようになっています。

7　マイナンバーと労働保険・社会保険

　マイナンバー（個人番号）は，雇用保険や健康保険，年金などの各分野で利用されています。届出や申請の書類を提出するときにマイナンバーを用いることで，住民票や所得証明などの書類添付が省略できる場合があり，事務負担が軽減されます。

≪労災保険≫

　労働基準監督署（厚生労働省）では，労災保険給付業務における行政事務の効率化や国民の負担の軽減を図ることを目的として，「遺族補償年金支給請求書」などへのマイナンバーの記載について周知しています。マイナンバーを記載することにより，生年月日に関する書類の添付が不要となる場合があります。

≪雇用保険≫

　ハローワークでは,「雇用保険被保険者資格取得届」などにマイナンバーの記載を求めています。労働者にマイナンバーの提供を拒否された場合には,その旨を申し出ていただいたうえで受理する形になっています。マイナンバーの記載がないことで,ハローワークが雇用保険手続の届出を受理しないということではありません。

　現在,マイナンバーカードを持っている人は,マイナポータルで雇用保険の加入記録などを簡単に確認することができます。

≪健康保険・厚生年金保険≫

　日本年金機構では,マイナンバーによる行政機関間の情報連携の仕組みを活用して,これまで各種届出・申請時に必要としていた課税証明書などの添付書類の省略を段階的に行っています。

　平成30年3月5日からは,これまで基礎年金番号で行っていた各種届出・申請についてもマイナンバーで行えるようになりました。また,マイナンバーと基礎年金番号が紐付いている場合は,住所変更届や氏名変更届の届出が省略できるようになりました。

　年金給付関係等の事務手続きについては,令和元年7月1日より,添付書類の省略などができるようになっています。国民年金関係等の一部の事務手続きについては令和元年10月30日より,市区町村等における所得等の確認が不要となりました。

　その他の届出・申請時の添付書類の省略の具体的な開始時期については,決まり次第,日本年金機構ホームページ等に掲載されることになっています。

　令和3年10月から,マイナンバーカードが健康保険証として利用できるようになりました。利用方法などは,厚生労働省のホームページに公開さ

34

れています。

　マイナンバーの情報収集や管理は，「特定個人情報の適正な取り扱いに
関するガイドライン（事業者編）」などに沿って，慎重に行う必要があり
ます。内閣官房，内閣府や厚生労働書のホームページなどを随時確認し，
進めていきましょう。

○マイナンバーを記載する届出書類一覧

該当保険	届出書・申請書など
労災保険	・障害補償給付支給請求書 ・障害給付支給請求書 ・遺族補償年金支給請求書 ・遺族年金支給請求書　など
雇用保険	・雇用保険被保険者資格取得届 ・雇用保険被保険者資格喪失届 ・高年齢雇用継続給付受給資格確認票・（初回）高年齢雇用継続給付支給申請書 ・育児休業給付受給資格確認票・（初回）育児休業給付金支給申請書 ・介護休業給付金支給申請書　など
健康保険・厚生年金保険	・健康保険・厚生年金保険被保険者資格取得届　厚生年金保険70歳以上被用者該当届 ・健康保険・厚生年金保険被保険者資格喪失届　厚生年金保険70歳以上被用者不該当届 ・健康保険被扶養者（異動）届・第３号被保険者該当届 ・健康保険・厚生年金保険被保険者報酬月額算定基礎届　厚生年金保険70歳以上被用者算定基礎届 ・健康保険・厚生年金保険被保険者報酬月額変更届　厚生年金保険70歳以上被用者月額変更届 （産前産後終了時月額変更，育児休業終了時月額変更届出書類） ・健康保険・厚生年金保険被保険者賞与支払届　厚生年金保険70歳以上被用者賞与支払届　など
協会けんぽ	・任意継続被保険者被扶養者（異動）届 ・任意継続被保険者資格取得申出書（勤務時の記号・番号を記載の場合は不要）　など

8 健康保険の被扶養者

　健康保険の被保険者に扶養家族（配偶者や子など）がいるときは，被扶養者として認められれば，様々な給付が受けられます。

　被扶養者とは，次の「被扶養者の範囲」に該当し，原則として，日本国内に住所を有する人をいいます。また，「生計維持関係」があることも条件です。

【被扶養者の範囲】

1 ）被保険者の直系尊属（父母，祖父母など），配偶者（事実上婚姻関係と同様の人を含みます），子，孫，兄弟姉妹で，主として被保険者に生計を維持されている人

※必ずしも同居している必要はありません。

2 ）被保険者と同一の世帯で主として被保険者の収入により生計を維持されている次の人

※「同一の世帯」とは，同居して家計を共にしている状態をいいます。

① 被保険者の三親等以内の親族（ 1 に該当する人を除きます）

② 被保険者の配偶者で戸籍上婚姻の届出はしていないが事実上婚姻関係と同様の人の父母および子

③ ②の配偶者が亡くなった後における父母および子

　ただし，後期高齢者医療制度の被保険者等である人は，除きます。

36

≪被扶養者の範囲図≫

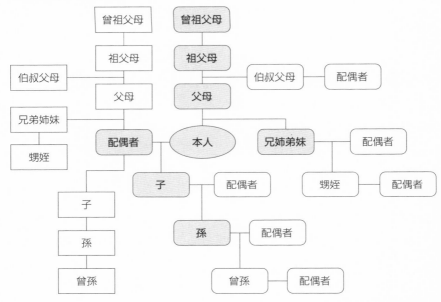

※太字以外は同居が条件の人

【生計維持関係】

　被扶養者として認定されるには，主として被保険者の収入により生計を維持されている必要があります。認定については，以下の基準により判断をします。

⑴　**認定対象者が被保険者と同一世帯に属している場合**

　認定対象者の年収が130万円未満（認定対象者が60歳以上または障害厚生年金を受けられる程度の障害者の場合は180万円未満）で，かつ，被保険者の年間収入の2分の1未満であること。

　なお，上記に該当しない場合であっても，認定対象者の年収が130万円未満（認定対象者が60歳以上または障害厚生年金を受けられる程度の障害

者の場合は180万円未満）で，かつ，被保険者の年間収入を上回らない場合には，その世帯の生計の状況を果たしていると認められるときは，被扶養者となる場合があります。

(2) 認定対象者が被保険者と同一世帯に属していない場合

　認定対象者の年収が130万円未満（認定対象者が60歳以上またはおおむね障害厚生年金を受けられる程度の障害者の場合は180万円未満）で，かつ，被保険者からの援助による収入額より少ないこと。

　ただし，上記の基準により被扶養者の認定を行うことが実態と著しくかけ離れており，かつ，社会通念上妥当性を欠くこととなると認められる場合には，その具体的事情に照らし保険者が最も妥当と認められる認定を行うことになります。

≪ポイント≫被扶養者認定の国内居住要件
　令和 2 年 4 月 1 日より，被扶養者認定にあたり，国内居住要件が追加されました。
　住民基本台帳に住民登録されているかどうか（住民票があるかどうか）で判断されます。住民票が日本国内にある人は原則として国内居住要件を満たすものとされます。被扶養者が一定の期間を海外で生活している場合も，日本に住民票がある場合は，原則として国内居住要件を満たすこととなります。
　日本国内に住所がない場合も，外国に留学する学生，外国に赴任する被保険者に同行する人，観光，ボランティアなど就労以外の目的での一時的な海外渡航者は被扶養者として認められます。

≪ポイント≫収入の計算期間の考え方
　健康保険上の扶養の認定は，原則として申請時点から今後 1 年間にどれくらいの収入が見込まれるかで判断します。年間収入130万円未満が要件にな

りますので，仮に月8万円の収入が1年間（12か月）見込まれる場合は，8万円×12か月＝96万円で，130万円を下回るため，被扶養者として認定されることになります。所得税法上の扶養控除対象者は，1月から12月までの年間合計収入で判断されます。

○被扶養者（異動）届の手続き

　①入社のときに被扶養者がいるとき，②新しく被扶養者ができたとき，③被扶養者に異動があったときに，被扶養者（異動）届を年金事務所や健康保険組合などに提出します。国民年金第3号被保険者（第2号被保険者によって生計を維持されている20歳以上60歳未満の配偶者）の届出も同時に行います（健康保険被扶養者（異動）届は，国民年金第3号被保険者関係届と同じ1枚の様式です）。

提出先	管轄の年金事務所（事務センター）および健康保険組合
必要書類	健康保険被扶養者（異動）届・国民年金第3号被保険者関係届
添付書類	【全員】 住民票，戸籍謄本 ※マイナンバーが記載されている場合は，住民票は省略可能 【収入確認】 直近3か月の給与明細コピー，課税（非課税）証明書など 【別居の場合】 通帳コピーなど仕送り額が確認できる書類
提出をする人	事業主
期日	資格取得日，異動日から5日以内

9 健康保険の任意継続被保険者

　任意継続被保険者とは，被保険者であった人が，会社を辞めて，被保険者資格を喪失した日から20日以内に申し出て，被保険者資格を継続した人

をいいます。一定の要件を満たす人が任意で加入し，届出や保険料の納付
などは，加入者自らが行います。

■任意継続被保険者になるには

　任意継続被保険者になるには，次の要件を満たす必要があります。また
交通機関のストライキ，天災事変などの正当な理由がない限り，資格喪失
の日から20日以内が期日です。

① 　健康保険の資格喪失の日の前日（＝退職日）まで継続して2カ月以上
　の被保険者期間がある人
② 　75歳未満の人
③ 　資格喪失の日（退職日の翌日）から20日以内に加入申請をした人

○資格取得手続き

提出先	本人の住所地を管轄する協会けんぽ都道府県支部または健康保険組合
必要書類	健康保険任意継続被保険者資格取得申出書
添付書類	課税（非課税）証明書など（扶養家族等がいる場合）
提出をする人	本人
期日	資格喪失の日（退職日の翌日）から20日以内

■任意継続の場合の被扶養者

　会社を辞めて，被保険者の資格を喪失した場合，被扶養者の資格も同様
に喪失となります。引き続き，被扶養者として認定されるためには，再度
要件を確認することになります。

■保険給付

　基本的には，一般の被保険者と同様の給付が受けられます。ただし，傷
病手当金および出産手当金は支給されません。

　（退職日まで継続して1年以上被保険者であった人で，退職日に傷病手当金および出産手当金を受けていた，もしくは受けられる要件を満たしている場合は支給されます）

■任意継続被保険者の資格喪失

　任意継続被保険者は，次の事項に該当する場合，資格を喪失します。

①　任意継続被保険者となった日から起算して2年を経過したとき（令和4年1月1日からは，2年を経過しなくとも資格喪失が可能となります） ②　保険料の納期限（その月の10日）までに納付しなかったとき ③　死亡したとき ④　被保険者となったとき ⑤　船員保険の被保険者となったとき ⑥　後期高齢者医療の被保険者等となったとき

■保険料

　退職時の標準報酬月額に本人の住所地の都道府県の保険料率（40歳以上65歳未満の方は，介護保険料率が含まれます）を乗じた額が保険料になります。

　ただし，保険料には上限があるため，退職時の標準報酬月額が30万円を超えていた場合は，30万円の標準報酬月額により算出した保険料となります（協会けんぽの場合，令和4年10月時点）。

　事業所に勤務していたときは，被保険者と事業主の折半で保険料を負担していましたが，任意継続被保険者の保険料は，全額自己負担となります。

　また，保険料は前納が可能です（4月分から9月分，10月分から翌年3月分までの6か月分もしくは4月分から翌年3月分までの12か月分）。

■任意継続の保険証発行

　任意継続の保険証については，今までは，退職後に，勤めていた事業所から日本年金機構に提出される「健康保険資格喪失届」が処理され，日本

年金機構から提供される資格喪失記録を確認した後に作成していました。令和元年10月より，任意継続の資格取得申出時に退職日の確認ができる書類^(※)を添付することにより，事業所からの退職の手続きを待たずに，任意継続の保険証の作成ができるようになっています。

(※)　≪退職日の確認ができる添付書類≫
• 退職証明書写し，雇用保険被保険者離職票写し，健康保険被保険者資格喪失届写し等，
• 資格喪失の事実が確認できる事業主または公的機関の証明印が押された書類

■健康保険組合の任意継続
　健康保険組合で，任意継続手続きを行う場合，保険料の上限額や手続き方法など，独自の仕組みが設けられているため，事前に加入を検討する健康保険組合に確認を行います。

10　パート・アルバイトの労働保険・社会保険

　労働保険，社会保険ともに，パートタイマーなどの名称にかかわらず，労働時間や労働日数などの就労の実態で加入基準が定められています。

≪労災保険≫
　1日に1時間でも働いた労働者は適用となります。

≪雇用保険≫
　次のいずれにも該当する労働者は，適用となります。
①　1週間の所定労働時間が20時間以上
②　同一の事業主の適用事業に継続して31日以上雇用されることが見込ま

れる

≪社会保険（健康保険・厚生年金保険）≫

次の①，②に該当する人は，適用となります。

① 1週間の所定労働時間が同一の事業所に使用される通常の労働者の4分の3以上

② 1か月間の所定労働日数が同一の事業所に使用される通常の労働者の4分の3以上

◆一般労働者の週所定労働時間が40時間の場合◆

※一般労働者の1か月の所定労働日数が20日で，パートタイマーの所定労働日数が15日（4分の3以上）と仮定

単位：時間

週所定労働時間	0		20		30		40
労災保険		○		○		○	
雇用保険		×		○		○	
健康保険		×		△（※）		○	
厚生年金保険		×		△（※）		○	

○：強制加入（被保険者にならなければならない）

△：その他の事情を勘案して判断（被保険者になることができる）

×：適用除外（被保険者になれない。ただし，健康保険・厚生年金保険は，代表取締役の場合を除く）

また，一般労働者の所定労働時間および所定労働日数の4分の3未満であっても，下記の5つの要件を全て満たす人は，被保険者となります。（※）

① 週の所定労働時間が20時間以上であること

② 雇用期間が1年以上見込まれること

令和4年10月からは，「雇用期間が1年以上見込まれること」の要件は，実務上の取扱いも踏まえて撤廃され，「雇用期間が2か月超見込まれるこ

と」になります。

③　賃金の月額が8.8万円以上であること

④　学生でないこと

⑤　被保険者の総数が常時500人を超える適用事業所（特定適用事業所）
　　に使用されていること

　⑤については，令和 4 年10月からは100人超，令和 6 年10月からは50人
超に対象が拡大されていきます。

　平成29年 4 月からは，従業員500人以下の会社で働くパートタイマーも，
労使で合意すれば，会社単位で社会保険に加入できるようになっています。

> 労働保険は，労働保険（労災保険・雇用保険）の加入対象者（P.26），社会保険は，社会
> 保険（健康保険・厚生年金保険）の加入対象者（P.30）もご参照ください。

11　外国人の労働保険・社会保険

　労働保険・社会保険は，外国人の場合も，原則として日本人同様に適用
となります。

　厚生労働省の指針では，「雇用保険，労災保険，健康保険および厚生年
金保険に係る法令の内容および保険給付に係る請求手続等について，周知
に努めること。　労働・社会保険に係る法令の定めるところに従い，被保
険者に該当する外国人労働者に係る適用手続等必要な手続をとること。」
としています。

　外国人の労働保険・社会保険の加入基準は，次のとおりです。

①　労災保険：日本国内の労働であれば，不法就労であると否とを問わず
　　適用されます（不法就労を助長するための文章ではありません）。

② 雇用保険：就労可能な在留資格で就労し，外国公務員及び外国の失業
補償制度の適用を受けている人を除き，国籍を問わず被保険者になります。
③ 健康保険：健康保険の適用事業所に常時使用される75歳未満の従業員
は，国籍の如何にかかわらず，すべて加入が義務付けられています。
④ 厚生年金保険：厚生年金保険の適用事業所に常時使用される70歳未満
の従業員は，国籍の如何にかかわらず，すべて加入が義務付けられてい
ます。

【外国人雇用状況報告】

　事業主は，外国人（「外交」「公用」の在留資格および特別永住者を除
く）の雇入れまたは離職のときに，雇用保険の加入の有無にかかわらず，
その外国人の氏名，在留資格，在留期間などの外国人雇用状況をハロー
ワークに届け出る必要があります。

≪雇用保険の被保険者となる外国人≫

提出先	管轄のハローワーク
必要書類	雇用保険被保険者資格取得届，雇用保険被保険者資格喪失届 ※該当の欄に，国籍や在留資格などを記入
添付書類など	なし
提出をする人	事業主
期日	雇入れ日の翌月10日まで。離職日の翌日から10日以内

≪雇用保険の被保険者でない外国人≫

提出先	管轄のハローワーク
必要書類	（雇入れに係る・離職に係る）外国人雇用状況届出書
添付書類など	なし
提出をする人	事業主
期日	雇入れ日の翌月末日。離職日の翌月末日

≪確認書類≫

　在留カードや旅券（パスポート）で，①氏名，②在留資格，③在留期限，④生年月日，⑤性別，⑥国籍，⑦在留カード番号を確認し，記入します。

　在留資格が「特定技能」の場合には分野を，また「特定活動」の場合には活動類型を，通常，旅券に添付されている指定書で，それぞれ確認し，記入します。

　⑧「資格外活動許可の有無」は，在留カードや旅券（パスポート）の資格外活動許可証印または資格外活動許可書などで確認し，記入します。

【脱退一時金】

　日本国籍を有していない人が，厚生年金保険の被保険者資格を喪失し，日本を出国して，日本に住所を有しなくなった日から2年以内に脱退一時金を請求することができます。

(1)　支給要件

　次の要件をすべて満たしたときに支給されます。
① 　厚生年金保険・共済組合等の加入期間の合計が6か月以上あること
② 　日本国籍を有していない人であること
③ 　老齢厚生年金などの年金の受給権を満たしていないこと

(2)　支給金額

　被保険者であった期間の平均標準報酬額 × 支給率（保険料率×1／2 × 支給額計算に用いる数）

　支給率とは，最終月（資格喪失した日の属する月の前月）の属する年の前年10月の保険料率に2分の1を乗じた率に，被保険者期間に応じた6から60の数を掛けたものをいいます。

　令和3年4月から（同4月以降に年金の加入期間がある場合），支給上

46

限月数は今までの36か月（３年）から60か月（５年）に引き上げられました。

【社会保障協定】

　国際交流が増えている中，日本から派遣されて海外で働く場合や逆に海外から日本の支店に派遣される場合，二重に保険料を負担しなければならないことがあります。また，日本や海外の年金を受け取るためには，一定の期間その国の年金に加入しなければならない場合があるため，その国で負担した年金保険料が年金受給につながらないこともあります。

　社会保障協定は，「二重加入の防止」と「年金加入期間の通算」を目的としています。

　相手国への派遣の期間が５年を超えない見込みの場合には，その期間中は相手国の法令の適用を免除し自国の法令のみを適用し，５年を超える見込みの場合には，相手国の法令のみを適用します。たとえば，韓国の事業所から派遣されてきた韓国の人の派遣期間が３年の場合には，「適用証明書」を韓国の適用証明書を交付する機関から受けて，年金事務所に届け出ることで，厚生年金保険の加入が免除されます。

　日本は，23か国と署名済で，22か国とは発効済です。

≪社会保障協定の発効状況≫

発効済	ドイツ，英国，韓国，アメリカ，ベルギー，フランス，カナダ，オーストラリア，オランダ，チェコ，スペイン，アイルランド，ブラジル，スイス，ハンガリー，インド，ルクセンブルク，フィリピン，スロバキア，中国，スウェーデン，フィンランド
署名済	上記発効済の各国＋イタリア

※令和４年６月時点。
※英国，韓国，イタリア（未発効）および中国との協定については，「保険料の二重負担防止」のみとなります。

12　入社時の手続き

入社時の労働保険・社会保険の手続きは，主に雇用保険および社会保険の資格取得手続きとなります。

(1)　労災保険

労災保険は，会社が加入していれば，特に手続きは必要ありません。自動的に加入となります。

(2)　雇用保険

雇用保険被保険者資格取得届を作成し，管轄のハローワークに提出します。

取得届には，前職の雇用保険被保険者証に記載されている被保険者番号を記載する必要があります。雇用保険被保険者証を紛失したり，被保険者番号がわからない場合は，前職の会社名と雇用期間（入社日，退職日）などを記載することで手続きが可能です。

≪入社時の雇用保険の手続き≫

提出先	管轄のハローワーク
必要書類	雇用保険被保険者資格取得届
添付書類など	マイナンバー アルバイト・パートタイマー：雇用契約書など
提出をする人	事業主
期日	雇入れ日の翌月10日まで

(3) 健康保険・厚生年金保険

　健康保険・厚生年金保険被保険者資格取得届を作成し，管轄の年金事務所などに提出します。配偶者や子などの扶養家族がいる場合は，「健康保険被扶養者（異動）届」も一緒に提出します。配偶者が20歳以上60歳未満の場合は，「国民年金第3号被保険者関係届」を，被保険者が年金手帳を紛失している場合は，「年金手帳再交付申請書」を提出します。

≪入社時の社会保険の手続き≫

提出先	管轄の年金事務所（事務センター）および健康保険組合
必要書類	健康保険・厚生年金保険　被保険者資格取得届
添付書類など（一緒に提出）	マイナンバー 健康保険被扶養者（異動）届 国民年金第3号被保険者関係届 基礎年金番号通知書再交付申請書 ※外国籍の方でマイナンバーと基礎年金番号が紐づいていない方などは，「ローマ字氏名届」の提出が必要です。
提出をする人	事業主
期日	事実発生から5日以内

　入社したばかりで健康保険被保険者証がないときは，健康保険被保険者資格証明書を交付してもらえます。詳しくはP.123をご参照ください。
　その他，パート・アルバイト入社時，外国人の入社時などで，注意点もあります。各該当の項目（パート・アルバイトはP.41，外国人はP.43）で説明してありますので，ご参照ください。

≪ポイント≫基礎年金番号通知書について
　基礎年金番号通知書は，令和4年4月以降，初めて年金制度に加入した方などに発行されます。今まで発行されていた年金手帳から基礎年金番号通知書に切り替わりました。

令和 4 年 4 月以降

・初めて年金制度に加入した場合

・年金手帳の紛失などにより再発行を希望する場合

に発行されます。

　すでに年金手帳を持っている場合は，基礎年金番号通知書の発行は行われませんので，年金手帳を大事に保管してください。

　入社時，年金手帳や基礎年金番号通知書を紛失してお手元にない場合は，被保険者資格取得届と一緒に「基礎年金番号通知書再交付申請書」を提出することで，基礎年金番号通知書が交付されます。

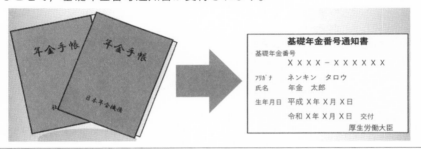

■入社時に提出してもらう書類・確認事項

　新たに労働者が入社する場合，会社は，入社後の各種の手続きに必要となる書類などを提出してもらわなければなりません。

　必要書類は，期限を決めて漏れなく提出してもらうようにします。

≪入社時に提出してもらう書類・確認事項≫

書類など	内容・確認事項など
□①　雇用保険被保険者証 （前職がある場合）	前職の会社から渡された被保険者証を用意してもらいます。雇用保険の被保険者番号は，前職から引き継いでハローワークに登録されます。ハローワークに提出する書類に番号を記載します。
□②　年金手帳（※）（コピー） マイナンバー	雇用保険や社会保険の加入の手続きにはマイナンバーの記載が必要です。社会保険の場合は，マイナンバーの代わりに基

※令和4年4月から年金手帳は基礎年金番号通知書へ切り替わりました。	礎年金番号の記載も可能です。 年金手帳には，10桁の年金番号が登録されており，番号を年金事務所に提出する書類に記載します。紛失した場合は，年金手帳の再発行を同時に行います。
□③　扶養者の情報	扶養者の続柄（妻・長男など），氏名，性別，生年月日，職業などを把握します。扶養の把握は，次の事項の確認のときに必要です。 □1．健康保険の扶養・国民年金第3号被保険者の届出 □2．給与計算時の源泉所得税の計算 □3．家族手当の確認（支給している場合）
□④　扶養控除等（異動）申告書	源泉徴収や年末調整などに必要になります。 入社日を，記録（メモ）しておくと良いでしょう。
□⑤　源泉徴収票（前職がある場合）	
□⑥　履歴書 （採用選考・面接時に必須）	氏名・生年月日・住所など本人の基本情報が記載されているため，ハローワークや年金事務所に提出する書類や労働者名簿作成に必要になります。（一般的に採用面接時に入手済み） ※通勤のための交通費額も，事前に把握しておきます。

≪その他必要に応じて提出してもらう書類・確認事項≫

書類など	内容・確認事項など
□①　健康診断書（3か月以内）	健康診断書は，本人の最近の健康状態を把握するために必要です。本人の健康状態を詳細に把握する場合は，「健康状態自己申告書」（任意）を作成し，持病や入院歴・通院歴などを本人同意のもと，自己申告してもらいます。
□②　身元保証書・誓約書	身元保証書は，社員が会社に損害を与えた場合に，損害を社員本人と連帯して保証人が賠償するという契約の意味で作成します。身元保証書には，「極度額」（保証人が負担すべき額の上限額）の記載が必要です。誓約書は社員に会社のルールを遵守してもらう意味で作成します。
□③　秘密保持誓約書	企業秘密の外部漏えい防止や管理のために必要です。

13　退職時の手続き

退職時の労働保険・社会保険の手続きは，主に雇用保険および社会保険の資格喪失手続きになります。

(1)　労災保険

労災保険は，入社時同様に，特に手続きは必要ありません。

(2)　雇用保険

雇用保険被保険者資格喪失届を作成し，管轄のハローワークに提出します。

原則として，雇用保険被保険者離職証明書も一緒に提出しますが，退職者が離職票の交付を希望しない場合には，離職証明書の作成は必要ありません（ただし，退職者が59歳以上の場合は，希望の有無を問わず，離職証明書の作成が必要です）。

離職票の交付を希望しなかった人が後から交付を求めたときは，別途，離職証明書を作成して交付します（後付けで作成）。

≪退職時の雇用保険の手続き≫

提出先	管轄のハローワーク
必要書類	雇用保険被保険者資格喪失届 雇用保険被保険者離職証明書
添付書類など	マイナンバー 労働者名簿 出勤簿（タイムカード） 賃金台帳

	アルバイト・パートタイマー，有期契約労働者：雇用契約書など 定年退職者：就業規則のコピーなど
提出をする人	事業主
期日	退職日の翌月から起算して10日以内

(3) 健康保険・厚生年金保険

　健康保険・厚生年金保険被保険者資格喪失届を作成し，管轄の年金事務所などに提出します。健康保険被保険者証を回収して一緒に提出しますが，紛失などで回収できない場合は，「健康保険被保険者証 回収不能・滅失届」を添付します。

　また，退職日と資格喪失日は異なるため注意が必要です。9月30日に退職した場合，資格喪失日は退職日の翌日となり，10月1日になります。

≪退職時の社会保険の手続き≫

提出先	管轄の年金事務所（事務センター）および健康保険組合
必要書類	健康保険・厚生年金保険　被保険者資格喪失届
添付書類など	マイナンバー 健康保険被保険者証（被扶養者分も添付） （紛失した場合は，健康保険被保険者証回収不能・滅失届）
提出をする人	事業主
期日	資格喪失日から5日以内

≪ポイント≫退職時に提出してもらうもの，返却するもの
① 　健康保険被保険者証（本人および被扶養者分）
② 　退職届（自己都合退職の場合）
③ 　名刺，ロッカーキー，制服等の会社の備品
　※年金手帳などを会社で保管している場合は，忘れずに返却しましょう。

【退職後の医療保険】

　退職後の医療保険は，下記3つの選択肢があります。

①　配偶者などの健康保険の被扶養者（扶養家族）になる

②　国民健康保険に加入する

③　退職前の健康保険を任意継続する

　どれを選択するか検討していきますが，一番大きなポイントは，保険料の負担額です。①の配偶者などの被扶養者になる場合は，本人の保険料負担はありません。②の国民健康保険料は，前年の所得をベースに保険料が決定するため，退職した年は高額になる可能性もあります。詳細は，住所地の市区町村の役所の担当課に確認をします。③の任意継続は，今まで事業主と折半していた分まで保険料を支払うことになりますが，保険料の上限額があるため，賃金が高額だった場合，有利になることもあります。

　任意継続の詳細については，P.38をご参照ください。

14　副業（ダブルワーク）の労働保険・社会保険

　複数の会社で働いている場合の，労働保険・社会保険の取扱いは，次のとおりとなります。

(1)　労災保険

　労災保険法では，労働者を使用する事業は，適用事業とされますので，当然に，本業（メインの就業先）においても副業先においても適用となります。労災保険は，両方の会社で加入します。労災保険に加入している会社であれば，特に加入手続きは必要ありません。

(2) 雇用保険

雇用保険については，本業と副業先両方で加入することはできません。同時に2以上の雇用関係にある労働者については，2以上の雇用関係のうち1つの雇用関係（原則として，その人が生計を維持するに必要な主たる賃金を受ける雇用関係とします）についてのみ被保険者となります。そのため，本業で雇用保険に加入する場合が多いと想定されます。

(3) 社会保険（健康保険・厚生年金保険）

社会保険の加入要件は，下記①と②の両方を満たす場合とされています。
① 1週間の所定労働時間が同一の事業所に使用される通常の労働者の4分の3以上
② 1か月間の所定労働日数が同一の事業所に使用される通常の労働者の4分の3以上

今までは，本業と副業先で①，②の両方を満たすことはあまりありませんでしたが，パートへの社会保険適用拡大により，本業と副業先で加入条件を満たす対象者も増えてきています。本業と副業先で条件を満たしている場合は，「健康保険・厚生年金保険　被保険者所属選択届・二以上事業所勤務届」を，選択事業所（メインの就業先）を管轄する年金事務所（事務センター）に提出します。

正社員として働き，別に自身で会社（法人）の代表取締役になっている場合は，両方の会社で加入することになります。同様に，両方の会社で代表取締役になっている場合も，両方で加入します。

社会保険料は，各事業所の報酬月額の合算額で決定した標準報酬月額の保険料を各事業所の報酬月額の比率で案分していきます。

健康保険証は，2枚以上発行されるわけではなく，選択事業所（メインの就業先）の分のみ（1枚）が発行されます。

○副業（ダブルワーク）の社会保険の手続き

提出先	管轄の年金事務所（事務センター）および健康保険組合
必要書類	健康保険・厚生年金保険　被保険者所属選択届・二以上事業所勤務届
添付書類	原則なし
提出をする人	被保険者
期日	事実発生から10日以内

　社会保険加入の4分の3要件を満たさない場合でも，次の①から⑤までの要件を満たす場合，健康保険，厚生年金保険の被保険者になります。
①　週の所定労働時間が20時間以上であること
②　雇用期間が1年以上見込まれること
　令和4年10月からは，「雇用期間が1年以上見込まれること」の要件は，実務上の取扱いも踏まえて撤廃され，「雇用期間が2か月超見込まれること」になります。
③　賃金の月額が8.8万円以上であること
④　学生でないこと
⑤　被保険者の総数が常時500人を超える適用事業所（特定適用事業所）に使用されていること

　⑤については，令和4年10月からは100人超，令和6年10月からは50人超に対象が拡大されていきます。

15　その他，重要な手続き一覧

　その他，氏名変更や健康保険被保険者証を紛失した場合などの重要な手続きは，次のとおりとなります。

(1) 被保険者の氏名が変更になったとき

① 雇用保険の氏名変更

　以前は氏名が変更になったときに「氏名変更届」を提出する必要がありましたが，現在は氏名変更後に行う資格喪失や育児休業給付金支給申請，高年齢雇用継続給付金支給申請の手続きのときに，氏名変更を同時に行います（資格喪失届の場合は，新氏名・フリガナ欄に記載します）。

② 健康保険・厚生年金保険の氏名変更

　マイナンバーと基礎年金番号が紐づいている被保険者の場合は，原則として届出は不要です。自動的に氏名変更手続きが行われ，新しい健康保険被保険者証が協会けんぽから郵送されます。マイナンバーの届出をしていない被保険者や70歳以上の被保険者は，氏名変更手続きが必要になる場合があります。詳細は年金事務所に確認します。

　また，被扶養者の氏名変更や健康保険組合加入事業所の被保険者の氏名変更は自動的に行われないため，氏名変更届の手続きが必要になります。

≪氏名変更手続き≫

提出先	管轄の年金事務所（事務センター）および健康保険組合
必要書類	健康保険・厚生年金保険　被保険者氏名変更（訂正）届
添付書類	健康保険被保険者証など
提出をする人	事業主
期日	すみやかに

(2) 被保険者の住所が変更になったとき

① 雇用保険の住所変更

　雇用保険の住所変更手続きは不要です。

②　健康保険・厚生年金保険の住所変更

　マイナンバーと基礎年金番号が紐づいている被保険者の場合は，原則として届出は不要です。マイナンバーを届出していない被保険者や海外居住者，短期在留外国人の住所の変更または住民票記載以外の住所を登録する場合は，住所変更届の手続きが必要です。国民年金第3号被保険者である被扶養者の変更後住所についても併せて届け出る様式になっています。詳細は年金事務所に確認します。

≪住所変更手続き≫

提出先	管轄の年金事務所（事務センター）および健康保険組合
必要書類	健康保険・厚生年金保険　被保険者住所変更届 国民年金　第3号被保険者住所変更届
添付書類	なし
提出をする人	事業主
期日	すみやかに

(3)　健康保険被保険者証や年金手帳などをなくしたとき

　被保険者や被扶養者の健康保険被保険者証を紛失したときは，「健康保険被保険者証再交付申請書」を協会けんぽなどに提出します。

　年金手帳を紛失したときは，「年金手帳再交付申請書」に基礎年金番号やマイナンバーを記載し，年金事務所（事務センター）に提出します。

　雇用保険被保険者証を紛失したときは，管轄のハローワークに「雇用保険被保険者証再交付申請書」を提出します。

≪健康保険被保険者証再交付手続き≫

提出先	協会けんぽ都道府県支部または健康保険組合
必要書類	健康保険被保険者証再交付申請書
添付書類	き損の場合は，健康保険被保険者証
提出をする人	事業主
期日	すみやかに

≪年金手帳再交付手続き≫

提出先	管轄の年金事務所（事務センター）
必要書類	年金手帳再交付申請書
添付書類	なし
提出をする人	事業主
期日	すみやかに

≪雇用保険被保険者証再交付手続き≫

提出先	管轄のハローワーク
必要書類	雇用保険被保険者証再交付申請書
添付書類	き損の場合は，雇用保険被保険者証
提出をする人	事業主
期日	すみやかに

16 電子申請

(1) 電子申請とは

　電子申請とは，紙などによって行っている申請や届出などの行政手続きを，インターネットを利用して自宅や職場のパソコンを使って行えるようにするものです。労働保険や社会保険の手続きなど，様々な手続きで電子

申請が可能です。

　電子申請であれば，紙などによる申請よりも早く処理が行われ，健康保険被保険者証は，紙の申請より電子申請の方がおおよそ 3 ～ 4 日早く届きます。

電子申請の主なメリット

- 24時間365日いつでもどこでも申請が可能です。
- 手数料は特にかかりません。
- 書類を手書きする手間がなくなります。
- 行政の担当窓口に行く時間，交通費が削減できます。
- 紙の申請書類などを送る必要がないため，郵送費などのコストが削減できます。
- 記入漏れやミスを防止できます。
- 申請状況がいつでも確認できます。

---

(2)　電子申請義務化

　令和 2 年 4 月より，大企業（資本金の額または出資金の額が 1 億円を超える法人ならびに相互会社，投資法人および特定目的会社）が，電子申請義務化の対象になりました。社会保険・労働保険の対象手続きは，次のとおりです。

健康保険・厚生年金保険関係手続（日本年金機構管轄）	・被保険者報酬月額算定基礎届・70歳以上被用者算定基礎届 ・被保険者報酬月額変更届・70歳以上被用者月額変更届 ・被保険者賞与支払届・70歳以上被用者賞与支払届
雇用保険被保険者関係手続（ハローワーク管轄）	・被保険者資格取得届 ・被保険者資格喪失届（離職証明書を含みます） ・被保険者転勤届 ・高年齢雇用継続給付受給資格確認・支給申請 　（高年齢再就職給付金は除きます） 　（雇用保険被保険者六十歳到達時等賃金証明書を含みます）

	• 育児休業給付受給資格確認・支給申請（雇用保険被保険者休業開始時賃金月額証明書を含みます）
労働保険（労災・雇用）関係手続 （労働基準監督署管轄）	• 年度更新に関する申告書（概算保険料申告書，確定保険料申告書，一般拠出金申告書） • 増加概算保険料申告書

(3) 電子申請利用方法

電子申請は，「e-Gov」および「Gビズ ID」の利用の2種類があります。

e-Gov（イーガブ「電子政府の総合窓口」）とは，総務省が運営する行政情報のポータルサイトをいいます。

Gビズ ID とは，経済産業省が提供しているサービスで，1つのアカウントで複数の行政サービスにアクセスできる認証システムです。

≪e-Gov と Gビズ ID の違い≫

種類	費用	必要書類など
e-Gov	有料（電子証明書発行費用）	住民票，印鑑証明書，商業登記簿謄本など （事前に認証局で電子証明書の発行を受ける必要があります。）
Gビズ ID	無料	印鑑証明書・印鑑登録証明書（審査が必要なアカウントの場合）

① e-Gov 利用の流れ

電子証明書の取得⇒e-Gov 電子申請アプリケーションをインストールし，e-Gov アカウントを登録⇒登録したアカウントでログイン（マイページにアクセス）⇒申請データの作成⇒申請

e-Gov の詳細な流れについては，「e-Gov ホームページ」（https://shinsei.e-gov.go.jp/contents/preparation）をご参照ください。

② Gビズ ID 利用の流れ

Gビズ ID のアカウント（アカウントには，即日発行可能なアカウント

と審査が必要なアカウントの2種類あります）取得⇒申請データの作成⇒
届書作成プログラムから申請

　Gビズ ID の詳細な流れについては，「Gビズ ID ホームページ」（https://
gbiz-id.go.jp）をご参照ください。

　令和2年4月以降，電子証明書に代わって取得できる Gビズ ID を利用
することで，電子申請がさらに利用しやすくなっています。また，令和2
年11月より Gビズ ID を利用して e-GOV での申請も可能になりました。

◉ コラム ◉

雇用契約書締結時の注意点

　労働基準法では，労働者を雇い入れるときに，「労働条件通知書」「雇入通知書」などの書面で労働条件を明示することを定めています。しかし，「雇用契約書」の締結までは定めていません。入社時に書面でしっかりと労働条件を定めて，雇用契約書を交わしておくことがトラブル回避のための第一歩といえます。

≪労働条件をめぐるトラブルの例≫

- 試用期間について聞かされていなかった
- 給与の額が，口頭で言われた内容と違う
- 給与に前渡しの残業代が含まれているのを知らなかった
- 配置転換があると聞かされていなかった
- 雇用期間が有期（雇用期間に定めがある）だとは知らなかった

≪雇用契約書と労働条件通知書の違い≫

　一般的に，労働条件通知書は労働条件の内容について，会社が労働者に対して一方的に通知する形式となっていますが，雇用契約書は，会社と労働者の双方がそれぞれ署名・捺印してその権利義務を確認する形式となっています。雇用契約書に記載のない事項については，雇用契約書締結のときに就業規則を明示して運用するなどの方法があります。

■雇用契約書などに明示しなければならない内容（絶対的明示事項）

　雇用契約書には，賃金や労働時間，その他の労働条件が記載されています。記載すべき内容は以下のとおりです。

① 労働契約の期間

② 就業の場所，従事すべき業務

③ 始業および終業の時刻，所定労働時間を超える労働の有無，休憩時間，休日，休暇ならびに，労働者を2組以上に分けて就業させる場合における就業時転換に

関する事項
④　賃金（退職金，賞与除く）の決定，計算および支払いの方法，賃金の締め切り
　および支払いの時期に関する事項
⑤　退職に関する事項（解雇の事由含む）

　労働条件の明示事項がすべて記載されている雇用契約書は，労働条件の明示義務
を満たしているといえます。状況により「雇用契約書兼労働条件通知書」として運
用する場合もあります。

64

【雇用契約書サンプル】

雇用契約書（正社員）

株式会社○○を甲、（　　　　　）を乙として下記の労働条件で契約を締結します。

契約期間	期間の定めなし（試用期間3か月）【入社日：　　年　月　日】
就業の場所	本社および会社指定場所
従事すべき 業務の内容	経理・総務業務（変更の場合あり）
始業・終業の時刻 休憩時間、 所定時間外労働の 有無に関する事項	1 始業・終業の時刻など (1)　始業　（△△時△△分）　　　終業（□□時□□分） 　　　　休憩時間（　　　　　　　）分 (2)所定時間外労働、休日労働等の有無（有・無）
休　日	・定例日；毎週土、日曜日、国民の祝日　・その他（年末年始　）
休　暇	1　年次有給休暇　　6ヶ月以上継続勤務し、全労働日の8割以上出勤 　　　　した場合、10日の年次有給休暇を取得する。 2　その他の休暇　（　慶弔休暇など　　　　　　　　　　　　　）
賃　金	1基本給　（　　　　　　円）［試用期間中：（　　　　　）円］ 　その他　（　　　　　　円） 2諸手当の額または計算方法 　イ（　　　手当　　　　円／計算方法：　　　　　　　） 　ロ（　　　手当　　　　円／計算方法：　　　　　　　） 3所定時間外、休日または深夜労働に対して支払われる割増賃金率 　[　　就業規則による　　] 4賃金締切日　毎月　　日 5賃金支払日　毎月　　日（振込） 6賃金支払時の控除 （所得税、住民税、健康保険料、厚生年金保険料、雇用保険料） 7賃金見直し（昇給および降給）：[有/無] 8賞　与：[有/無] 9退職金：[有/無]
退職に関する 事項	1定年制[有・無（65歳） 2自己都合退職の手続（退職希望日の30日以上前に届け出ること） 3解雇の事由及び手続[　　就業規則による　　　　]
その他	・社会保険の加入状況（厚生年金、健康保険） ・雇用保険の適用：[有・無　　・その他[　　　　　]

上記以外の労働条件などは、当社就業規則によります。

　　　　　　　　　　　　　　　　　　　　　　　　　　　年　　　月　　　日

　　　　　雇用者（甲）　会社名
　　　　　　　　　　　住所
　　　　　　　　　　　職名
　　　　　　　　　　　氏名　　　　　　印

　　　　　労働者（乙）　住所
　　　　　　　　　　　氏名　　　　　　印

第3章　労災保険の基礎知識

1　業務災害，通勤災害

(1)　業務災害とは

業務上の事由による労働者の負傷，疾病，障害または死亡（以下「傷病等」とします）を指します。

業務災害と認められるためには，「業務起因性」がなければなりません。

①　業務起因性

傷病などが，「業務に起因して生じたもの」ということであり，業務と傷病などとの間に一定の因果関係が存在することです。

②　業務遂行性

労働者が労働契約に基づいて事業主の支配下にある状態を指します。業務遂行性は，業務起因性が成立するための第一次的な条件です。しかし，業務遂行性があれば，業務起因性が必ずしも認められるわけではなく，業務遂行性が認められたうえで，さらに業務起因性の有無が検討されます。

業務遂行性は，次の3つの類型に分けることができます。

1）事業主の支配・管理下で業務に従事している場合

　a．自己の担当業務および事業主からの特命業務や突発事故に対する緊

急業務に従事している場合

 b．担当業務を行ううえで必要な行為，作業中の用便，飲水等の生理的行為や作業中の反射的行為

 c．その他労働関係の本旨に照らし合理的と認められる行為を行っている場合など

2）事業主の支配・管理下にあるが，業務に従事していない場合

 休憩時間に事業場構内で休んでいる場合，事業附属寄宿舎を利用している場合や事業主が通勤専用に提供した交通機関を利用した場合など

 ※休日に構内で遊んでいるような場合は，該当しません。

3）事業主の支配下にはあるが，管理下を離れて業務に従事している場合

 a．出張や社用での外出，運送，配達，営業などのため事業場の外で仕事をする場合

 b．事業場外の就業場所への往復，食事，用便など事業場外での業務に付随する行為を行う場合など

 c．出張の場合は，私用で寄り道したような場合を除き，用務先へ向かって住居または事業場を出たときから帰り着くまでの全行程にわたって業務遂行性が認められます。

(2)　通勤災害とは

通勤災害とは，通勤による労働者の傷病などを指します。

この場合の「通勤」とは，「就業に関し，住居と就業の場所との間を，合理的な経路および方法により往復することをいい，業務の性質を有するものを除く」ものとされていますが，移動の経路を逸脱し，または中断した場合には，逸脱または中断の間およびその後の移動は「通勤」とはなりません。ただし，日用品の購入や病院での診察など，日常生活に必要な行為の場合は，「通勤」として認められます。

2　交通事故などの場合の対応（第三者行為災害）

(1)　第三者行為災害とは

　会社や本人以外の第三者による行為（交通事故など）によって，労働者が負傷し，労働者本人（または遺族）に対して，第三者が損害賠償の義務を負っている災害を指します。

≪第三者行為災害になる主な場合≫

① 交通事故（自損事故の場合を除く）
② 他人から暴行を受けた場合
③ 他人が飼育・管理する動物により負傷した場合　など

(2)　第三者行為災害の場合の保険給付

　被災労働者（または遺族）は，第三者に対しての損害賠償請求権と労災保険の保険給付の受給権を同時に有することになります。加害者から損害賠償を受けた場合は，労災保険からの保険給付は調整されます。

(3)　示談の注意点

　示談とは，当事者同士が損害賠償額について，話し合いにより互いに譲歩し，早期に解決することをいいます。示談を行う前には，必ず労働局または労働基準監督署に確認するとともに，示談を行ったときは，すみやかに労働局または労働基準監督署に示談書の写しを提出します。

　被災労働者等が受け取るすべての損害賠償についての示談が，錯誤や強迫などではなく両当事者の真意により成立し，示談内容以外の損害賠償の請求権を放棄した場合，原則として，示談成立以後の労災保険給付が行わ

れなくなってしまいますので，注意が必要です（必ず事前に労働基準監督
署などに確認を行います）。

3 保険給付の内容（保険給付の種類，金額）

労災保険の保険給付には，業務災害と通勤災害に対応している保険給付
があり，次のとおりです。

≪保険給付の種類≫

保険給付の種類	どんな場面で	保険給付の内容
療養の給付	業務災害や通勤災害による傷病により療養するとき（労災病院や労災保険指定病院等）	必要な療養の給付
療養の費用の支給	業務災害や通勤災害による傷病により療養するとき（労災病院や労災保険指定病院等以外）	必要な療養費の支給
休業補償（休業）給付	業務災害や通勤災害による傷病の療養のため，労働ができずに賃金を受けられない日が4日以上に及ぶとき	休業4日目から，1日につき給付基礎日額の60%相当額
傷病補償（傷病）年金	業務災害や通勤災害による傷病が療養開始後1年6か月を経過した日あるいは同日後に次のいずれにもあてはまるとき ① 傷病が治っていないこと ② 障害の程度が傷病等級に該当すること	障害の程度に応じ，給付基礎日額の245日分〜153日分の年金
介護補償（介護）給付	障害補償（障害）年金または傷病補償（傷病）年金の受給権者が，一定の障害の程度に該当し， ① 常時介護を必要とするとき ② 随時介護を必要とするとき	1か月に支出した額。 ①の上限額171,650円 ②の上限額85,780円
障害補償（障害）年金	業務災害や通勤災害による傷病が治った後に，障害等級第1級〜第7級までに該当する障害が残ったとき	障害の程度に応じ，給付基礎日額の313日分〜131日分の年金
障害補償（障害）一時金	業務災害や通勤災害による傷病が治った後に，障害等級第8級〜第14級までに該当する障害が	障害の程度に応じ，給付基礎日額の503日分

	残ったとき	〜56日分の一時金
遺族補償（遺族）年金	業務災害や通勤災害により死亡したとき	遺族の数等に応じ，給付基礎日額の245日分〜153日分の年金
遺族補償（遺族）一時金	①　死亡当時，遺族補償（遺族）年金を受ける遺族がいないとき ②　遺族補償（遺族）年金の受給権者がすべて失権したとき，受給権者であった遺族の全員に対して支払われた年金の額および遺族補償（遺族）年金前払一時金の額の合計額が，給付基礎日額の1,000日分に達していないとき	給付基礎日額の1,000日分の一時金。②の場合は，すでに支給した年金合計額を差し引いた額
葬祭料(葬祭給付)	業務災害や通勤災害で死亡した人の葬祭を行うとき	315,000円＋給付基礎日額30日分（給付基礎日額の60日分が最低保障）
二次健康診断等給付	定期健康診断等で，脳・心臓疾患に関連する一定の項目に異常の所見があったとき	二次健康診断および特定保健指導（二次健康診断の結果に基づく医師または保健師の面接による保健指導）

4　業務災害・通勤災害のケガで，治療を受けるとき【療養補償（療養）給付，休業補償（休業）給付，傷病補償（傷病）年金】

(1)　療養補償（療養）給付

　療養補償（療養）給付は，労働者が業務災害または通勤災害により傷病を受けて療養を必要とする場合に支給されます。

　療養補償（療養）給付には，「療養の給付」（現物給付）と「療養の費用の支給」（現金支給）の2種類がありますが，「療養の給付」が原則となります。

　「療養の費用の支給」は近くに労災指定病院や労災病院，薬局（以下，労災指定病院等）がない等の特定の事情がある場合の取扱いとなります。

　※業務災害：療養補償給付通勤災害：療養給付

①　療養の給付

　労災指定病院等で治療を受けるときに，所定の請求書を一度労災指定病院等に提出することで，無料で次の療養を受けることができます。

a．診察

b．薬剤または治療材料の支給

c．処置，手術その他の治療

d．居宅における療養上の管理およびその療養に伴う世話その他の看護

e．病院または診療所への入院およびその療養に伴う世話その他の看護

f．移送

○請求手続き

　労災指定病院等に，「療養補償給付及び複数事業労働者療養給付たる療養の給付請求書」（業務災害の場合），「療養給付たる療養の給付請求書」（通勤災害の場合）を提出します。

提出先	所轄労働基準監督署（治療を受けている労災指定病院等経由）
必要書類	療養補償給付及び複数事業労働者療養給付たる療養の給付請求書（業務災害） 療養給付たる療養の給付請求書（通勤災害）
添付書類など	事業主の証明
提出をする人	被災労働者
期日	労災指定病院等で療養の給付を受けようとするとき，すみやかに

②　療養の費用の給付

　労災指定病院等以外の病院または薬局等で療養を受けた場合，いったん，治療代を立替払いしたうえで，後日，所轄の労働基準監督署長に，現金給付として，その費用を請求するものです。療養の範囲は，「療養の給付」と同様で，次のとおりです。

a．診察
b．薬剤または治療材料の支給
c．処置，手術その他の治療
d．居宅における療養上の管理およびその療養に伴う世話その他の看護
e．病院または診療所への入院およびその療養に伴う世話その他の看護
f．移送

○請求手続き

　所轄労働基準監督署に，領収書（原本）を添えて，「療養補償給付及び複数事業労働者療養給付たる療養の費用請求書」（業務災害の場合），「療養給付たる療養の費用請求書」（通勤災害の場合）を提出します。

提出先	所轄労働基準監督署
必要書類	療養補償給付及び複数事業労働者療養給付たる療養の費用請求書（業務災害） 療養給付たる療養の費用請求書（通勤災害）
添付書類など	事業主と医師の証明，領収書（原本）など
提出をする人	被災労働者
期日	労災指定病院等以外の病院で治療を受けたとき，すみやかに

※柔道整復師，はり・きゅう師，あん摩マッサージ指圧師などから手当を受けた場合や訪問看護事業者から訪問看護を受けた場合は，それぞれの所定の様式の費用請求書を所轄労働基準監督署に提出します。

(2)　休業補償（休業）給付

　休業補償（休業）給付は，労働者が，業務または通勤が原因となった負

傷や疾病による療養のため働くことができず，したがって，その期間賃金を受けていないとき，その4日目から支給されます。

　　※業務災害：休業補償給付　通勤災害：休業給付

① 休業補償（休業）給付の3要件

a．業務または通勤が原因となった負傷や疾病による療養のため

b．働くことができず

c．その期間賃金を受けていない

　上記3要件をすべて満たす場合に，支給されます。

② 休業補償（休業）給付の内容

　保険給付の休業補償（休業）給付に加えて，社会復帰促進等事業の休業特別支給金が支給されます。

| 休業補償（休業）給付 | （給付基礎日額の60%）×休業日数 |
| 休業特別支給金 | （給付基礎日額の20%）×休業日数 |

※給付基礎日額とは，原則として，労働基準法の平均賃金に相当する額をいいます。事故発生日または疾病が確定した日（賃金締切日が定められている場合は，その直前の賃金締切日）の直近3か月間の賃金総額をその期間の総暦日数で割った金額です。

■一部労働した場合（一部労働不能）

　所定労働時間の一部のみ労働した日がある場合は，

　（給付基礎日額－一部労働に対し支払われた賃金）×60／100

となります。

　休業特別支給金は，20%支給されます。

■休業中に賃金が支払われた場合

　会社から平均賃金の60%以上賃金が支払われた場合は，その日は休業補償（休業）給付は支給されません。逆に60%未満の賃金が支払われた場合

は，休業補償給付が全額支給されます。

③　待期期間について

　休業の最初の日から3日間については，休業補償（休業）給付は支給されません。待期3日間は，業務災害の場合，労働基準法に基づき事業主は休業補償（平均賃金の60％以上支給）をしなければなりません。通勤災害の場合は，事業主に休業補償の義務はありませんので，その3日間はどこからも支給されません。

○請求手続き

　所轄労働基準監督署に，賃金台帳，出勤簿等を添えて，「休業補償給付支給請求書」「複数事業労働者休業給付支給請求書」「休業特別支給金支給申請書」（業務災害の場合），「休業給付支給請求書」「休業特別支給金支給申請書」（通勤災害の場合）を提出します。

提出先	所轄労働基準監督署
必要書類	（業務災害） 休業補償給付支給請求書，複数事業労働者休業給付支給請求書，休業特別支給金支給申請書 （通勤災害） 休業補償給付支給請求書，休業特別支給金支給申請書
添付書類など	賃金台帳，出勤簿等
提出をする人	被災労働者
期日	療養のため働くことができず賃金を受けないとき，すみやかに

※労働安全衛生法上の手続きになりますが，休業補償給付請求書を提出するときに，所轄労働基準監督署に「労働者死傷病報告」も提出します（P.10参照）。

≪一部負担金≫

　通勤災害で療養給付も受けている場合は，一部負担金として初回の休業給付から200円が徴収されます。

≪休業補償（休業）給付が支給されない場合≫

労働者が次に該当する場合は，休業補償（休業）給付は支給されません。

a．刑事施設，労役場，監置場等に拘禁されている場合

b．少年院，児童自立支援施設，婦人補導院に収容されている場合

(3) 傷病補償（傷病）年金

傷病補償（傷病）年金は，労働者が，業務または通勤が原因となった負傷や疾病による療養開始後，１年６か月を経過した日またはその日以後，その負傷や疾病が治っておらず，第１級から第３級までの傷病等級に該当する場合は，休業補償（休業）給付に代わって傷病補償（傷病）年金が支給されます。

傷病補償（傷病）年金の支給・不支給の決定は，所轄労働基準監督署長の職権で行われますので，特に請求手続きは必要ありません。

なお，障害の程度が傷病等級に該当しない場合は，引き続き休業補償（休業）給付および療養補償（療養）給付が支給されます。

※業務災害：傷病補償年金　通勤災害：傷病年金

■傷病補償（傷病）年金の内容

傷病補償（傷病）年金は，傷病等級表により，第１級，第２級，第３級に分けられており，年金額が定められています。それぞれ，傷病特別支給金，傷病特別年金が支給されます。

傷病等級	傷病補償（傷病）年金	傷病特別支給金(一時金)	傷病特別年金
第１級	給付基礎日額の313日分	114万円	算定基礎日額の313日分
第２級	給付基礎日額の277日分	107万円	算定基礎日額の277日分
第３級	給付基礎日額の245日分	100万円	算定基礎日額の245日分

※算定基礎日額とは，被災日以前１年間に受けた特別給与（ボーナス等の３か月を超える期間ごとに支払われる賃金）の合計額，給付基礎年額（給付基礎日額の365倍に相当する額）の20％のうち低い額（150万円が限度額）の365分の１です。

≪傷病等級表≫

傷病等級	給付の内容	障害の状態
第 1 級	当該障害の状態が継続している期間 1 年につき給付基礎日額の 313 日分	(1)　神経系統の機能又は精神に著しい障害を有し，常に介護を要するもの (2)　胸腹部臓器の機能に著しい障害を有し，常に介護を要するもの (3)　両眼が失明しているもの (4)　そしゃく及び言語の機能を廃しているもの (5)　両上肢をひじ関節以上で失ったもの (6)　両上肢の用を全廃しているもの (7)　両下肢をひざ関節以上で失ったもの (8)　両下肢の用を全廃しているもの (9)　前各号に定めるものと同程度以上の障害の状態にあるもの
第 2 級	同　　277 日分	(1)　神経系統の機能又は精神に著しい障害を有し，随時介護を要するもの (2)　胸腹部臓器の機能に著しい障害を有し，随時介護を要するもの (3)　両眼の視力が0.02以下になっているもの (4)　両上肢を腕関節以上で失ったもの (5)　両下肢を足関節以上で失ったもの (6)　前各号に定めるものと同程度以上の障害の状態にあるもの
第 3 級	同　　245 日分	(1)　神経系統の機能又は精神に著しい障害を有し，常に労務に服することができないもの (2)　胸腹部臓器の機能に著しい障害を有し，常に労務に服することができないもの (3)　一眼が失明し，他眼の視力が0.06以下になっているもの (4)　そしゃく又は言語の機能を廃しているもの (5)　両手の手指の全部を失ったもの (6)　第 1 号及び第 2 号に定めるもののほか，常に労務に服することができないものその他各号に定めるものと同程度以上の障害の状態にあるもの

（出所）　厚生労働省

5 業務災害・通勤災害のケガで，障害が残ったとき【障害補償（障害）給付】

　障害補償（障害）給付は，労働者が，業務または通勤が原因となった負傷や疾病が治ったとき，身体に「障害等級表」の障害等級に該当する障害が残っている場合に支給されます。障害等級は，第1級から第14級まであり，「年金」と「一時金」とに分かれています。

　※業務災害：障害補償給付　通勤災害：障害給付

≪治ったときとは？≫

　傷病が「治ったとき」とは，健康時の状態に完全に回復した状態のみをいうものではなく，症状が安定し，医学上一般に認められた医療を行っても，その医療効果が期待できなくなり，症状が固定された状態をいいます。

(1) 障害補償（障害）給付の内容

• 障害補償（障害）年金，障害特別年金

　障害等級第1級から第7級に該当する場合は，障害等級に応じ，給付基礎日額の313日分〜131日分が年金として支給されます。

障害等級	第1級	第2級	第3級	第4級	第5級	第6級	第7級
障害補償（障害）年金額	313日分	277日分	245日分	213日分	184日分	156日分	131日分

　また，それぞれ，障害特別年金が支給されます（算定基礎日額の313日分〜131日分）。

障害等級	第1級	第2級	第3級	第4級	第5級	第6級	第7級
障害特別年金額	313日分	277日分	245日分	213日分	184日分	156日分	131日分

(2)　障害補償（障害）一時金，障害特別一時金

　障害等級第8級から第14級に該当する場合は，障害等級に応じ，給付基礎日額の503日分〜56日分が一時金（1回限り）として支給されます。

障害等級	第8級	第9級	第10級	第11級	第12級	第13級	第14級
障害補償（障害）一時金	503日分	391日分	302日分	223日分	156日分	101日分	56日分

　また，それぞれ，障害特別一時金が支給されます（算定基礎日額の503日分〜56日分）。

障害等級	第8級	第9級	第10級	第11級	第12級	第13級	第14級
障害特別一時金	503日分	391日分	302日分	223日分	156日分	101日分	56日分

　障害特別支給金は，一時金として，障害等級に応じて，342万円〜8万円支給されます。

障害等級	第1級	第2級	第3級	第4級	第5級	第6級	第7級
一時金	342万円	320万円	300万円	264万円	225万円	192万円	159万円
障害等級	第8級	第9級	第10級	第11級	第12級	第13級	第14級
一時金	65万円	50万円	39万円	29万円	20万円	14万円	8万円

○請求手続き

　所轄労働基準監督署に，添付書類を添えて，次の書類を提出します。

78

提出先	所轄労働基準監督署
必要書類	（業務災害） 障害補償給付支給請求書，複数事業労働者障害給付支給請求書，障害特別支給金支給申請書，障害特別年金支給申請書，障害特別一時金支給申請書 （通勤災害）障害給付支給請求書，障害特別支給金支給申請書，障害特別年金支給申請書，障害特別一時金支給申請書
添付書類など	事業主の証明，医師の診断書，レントゲン写真等 マイナンバーカードもしくは，通知カードかマイナンバー付き住民票など＋パスポート，運転免許証など
提出をする人	被災労働者
期日	治った後，障害（障害等級に該当する障害）が残ったとき，すみやかに

(3) 障害補償（障害）年金前払一時金

障害補償（障害）年金前払一時金は，社会復帰の費用に充てるため，次の表の金額が前払いされるものです。原則として，障害補償（障害）年金と同時に請求します。「障害補償年金・障害年金前払一時金請求書」を一緒に提出します。

障害等級	額
第1級	給付基礎日額の200日分，400日分，600日分，800日分，1,000日分，1,200日分，または1,340日分
第2級	給付基礎日額の200日分，400日分，600日分，800日分，1,000日分，または1,190日分
第3級	給付基礎日額の200日分，400日分，600日分，800日分，1,000日分，または1,050日分
第4級	給付基礎日額の200日分，400日分，600日分，800日分，または920日分
第5級	給付基礎日額の200日分，400日分，600日分，または790日分
第6級	給付基礎日額の200日分，400日分，600日分，または670日分
第7級	給付基礎日額の200日分，400日分，または560日分

(4)　障害補償（障害）年金差額一時金，障害特別年金差額一時金

　障害補償（障害）年金の受給権者が死亡したとき，すでに支払われた障害補償（障害）年金および障害補償（障害）年金前払一時金の合計額が，障害等級に応じて次表の額に満たない場合には，遺族に対し，障害補償（障害）年金差額一時金が支給されます。また，障害特別年金についても，障害補償（障害）年金と同様に差額一時金の制度があります。

障害等級	障害補償（障害）年金差額一時金	障害特別年金差額一時金
第1級	給付基礎日額の1,340日分	算定基礎日額の1,340日分
第2級	給付基礎日額の1,190日分	算定基礎日額の1,190日分
第3級	給付基礎日額の1,050日分	算定基礎日額の1,050日分
第4級	給付基礎日額の920日分	算定基礎日額の920日分
第5級	給付基礎日額の790日分	算定基礎日額の790日分
第6級	給付基礎日額の670日分	算定基礎日額の670日分
第7級	給付基礎日額の560日分	算定基礎日額の560日分

≪遺族の範囲≫

　障害補償（障害）年金差額一時金の遺族の範囲は，次のとおりです。
① 　労働者の死亡当時，その者と生計を同じくしていた配偶者，子，父母，孫，祖父母および兄弟姉妹
② 　①に該当しない配偶者，子，父母，孫，祖父母および兄弟姉妹
　支給の順位は，①の遺族が優先し，さらに①②の中では，記載順になります。

(5)　介護補償（介護）給付

　介護補償（介護）給付は，傷病補償（傷病）年金または障害補償（障害）年金の傷病等級・障害等級が第1級の人と第2級の「精神神経・胸腹部臓器の障害」を有している人が，常時，または随時介護を必要とする場

合に支給されます。

※業務災害：介護補償給付　通勤災害：介護給付

① **支給要件**

次のa.〜d.に該当する場合，介護補償（介護）給付が支給されます。

a. 一定の障害の程度に該当すること

• 常時介護，随時介護を必要とする状態

	具体的な障害の状態
常時介護	1）精神神経・胸腹部臓器に障害を残し，常時介護を要する状態に該当する（障害等級第1級3・4号，傷病等級第1級1・2号） 2）両目が失明するとともに，障害または傷病等級第1級・第2級の障害を有する，両上肢および両下肢が亡失または用廃の状態にある　など1）と同程度の介護を要する状態
随時介護	1）精神神経・胸腹部臓器に障害を残し，随時介護を要する状態に該当する（障害等級第2級2号の2・2号の3，傷病等級第2級1・2号） 2）障害等級第1級または傷病等級第1級に該当し，常時介護を要する状態でない

b. 現に民間の有料の介護サービスや親族・友人・知人により介護を受けていること

c. 病院または診療所に入院していないこと

d. 障害者支援施設（生活保護を受けている場合に限ります），介護老人保健施設，介護医療院，特別養護老人ホームまたは原子爆弾被爆者特別養護ホームに入所していないこと

② **介護補償（介護）給付の内容**

常時介護の場合
1）介護の費用として支出した額（171,650円が上限） 2）親族または友人・知人の介護を受けているとともに，介護の費用を支出していない場合または介護の費用を支出しているがその額が73,090円を下回る場合は，一律定額として73,090円が支給されます。

随時介護の場合
1）介護の費用として支出した額（85,780円が上限） 2）親族または友人・知人の介護を受けているとともに，介護の費用を支出していない場合 　または介護の費用を支出しているがその額が36,500円を下回る場合は，一律定額として 　36,500円が支給されます。

※月単位（月額）で支給されます。（令和4年度価額）
※月の途中から介護が開始された場合は，介護費用を支払って介護を受けた場合は上限額（171,650円）
　の範囲で介護費用が支給されますが，介護費用を支払わないで親族・知人などから介護を受けた場合
　は，介護開始の月は支給されません。

○請求手続き

　所轄労働基準監督署に，添付書類を添えて，次の書類を提出します。

提出先	所轄労働基準監督署
必要書類	介護補償給付・複数事業労働者介護給付・介護給付支給請求書
添付書類など	医師または歯科医師の診断書 介護の費用に関する日数と額の証明書類 親族等による介護の場合は，介護の事実に関する介護者の申立書
提出をする人	傷病補償（傷病）年金または障害補償（障害）年金の受給権者
期日	傷病補償（傷病）年金の受給権者：その年金の支給決定後 障害補償（障害）年金の受給権者：その年金と同時か請求後

6 業務災害・通勤災害のケガで，亡くなったとき【遺族補償（遺族）給付，葬祭料（葬祭給付）】

(1) 遺族補償（遺族）給付

　遺族補償（遺族）給付は，労働者が，業務または通勤が原因で亡くなったときに，その遺族に対し，支給されます。遺族補償（遺族）給付は，「年金」と「一時金」の二種類があります。

　※業務災害：遺族補償給付　通勤災害：遺族給付

(2) 遺族補償（遺族）年金

　遺族補償（遺族）年金は，「受給資格者」のうちの最先順位者（「受給権者」）に対して支給されます。受給資格者は，労働者の死亡当時その収入によって生計を維持していた配偶者・子・父母・孫・祖父母・兄弟姉妹ですが，妻以外の遺族については，「夫，父母，祖父母は55歳以上」，「子・孫は18歳に達する日以後最初の３月31日までの間」，「兄弟姉妹は18歳に達する日以後最初の３月31日までの間または55歳以上」であるか，または，労働者の死亡当時一定の障害（障害等級５級以上の身体障害）の状態にあることが必要となります。

≪遺族補償（遺族）年金受給資格者，受給権者順位表≫

順位	受給資格者	受給資格者要件
1	妻	なし
	夫	60歳以上または一定障害であること
2	子	18歳に達する日以後最初の３月31日までにあるか，または一定障害であること
3	父母	60歳以上または一定障害であること
4	孫	18歳に達する日以後最初の３月31日までにあるか，または一定障害であること
5	祖父母	60歳以上または一定障害であること
6	兄弟姉妹	18歳に達する日以後最初の３月31日までにあるか，または一定障害であること
7	夫	55歳以上60歳未満であること
8	父母	ただし，受給権者となった場合でも60歳に達するまでは支給停止（若年停止）
9	祖父母	
10	兄弟姉妹	

　最先順位者が死亡や再婚などで受給権を失った場合，その次の順位者が受給権者になります。これを「転給」といいます。

①　遺族補償（遺族）年金の内容

　遺族補償（遺族）年金は，遺族数（受給権者および受給権者と生計を同じくしている受給資格者の数）に応じて支給されます。それぞれ，遺族特別支給金（一時金），遺族特別年金が支給されます。

遺族数	遺族補償（遺族）年金	遺族特別支給金（一時金）	遺族特別年金
1人	給付基礎日額の153日分（その遺族が55歳以上の妻または一定の障害状態の妻の場合は給付基礎日額の175日分）	300万円	算定基礎日額の153日分（その遺族が55歳以上の妻または一定の障害状態の妻の場合は算定基礎日額の175日分）
2人	給付基礎日額の201日分		算定基礎日額の201日分
3人	給付基礎日額の223日分		算定基礎日額の223日分
4人以上	給付基礎日額の245日分		算定基礎日額の245日分

遺族補償（遺族）年金の計算例

遺族：妻　子（12歳，6歳）
賃金　約30万円／月　（給付基礎日額1万円）
賞与：365,000円／年　（算定基礎日額1,000円）

遺族補償（遺族）年金：223日分×1万円＝223万円（年額）
遺族特別支給金：300万円
遺族特別年金：1,000円×223日分＝22万3,000円（年額）

②　請求手続き

　所轄労働基準監督署に，添付書類を添えて，次の書類を提出します。

84

提出先	所轄労働基準監督署
必要書類	（業務災害） 遺族補償年金支給請求書，複数事業労働者遺族年金支給請求書，遺族特別支給金支給申請書，遺族特別年金支給申請書 （通勤災害） 遺族年金支給請求書，遺族特別支給金支給申請書，遺族特別年金支給申請書
添付書類など	① 死亡診断書，死体検案書，検視調書など ② 戸籍謄本，戸籍抄本など ③ 生計を維持していたことを証明できる書類など マイナンバーカードもしくは，通知カードかマイナンバー付き住民票など＋パスポート，運転免許証など
提出をする人	遺族（配偶者，子，父母，孫，祖父母，兄弟姉妹） ※受給権者が2人以上いる場合は，そのうちの1人を年金の請求，受領の代表者にします。
期日	労働者が死亡したとき，すみやかに

(3) 遺族補償（遺族）年金前払一時金

　遺族補償（遺族）年金前払一時金は，遺族が，原則として，遺族補償（遺族）年金と同時に請求します（1回限りの請求です）。「遺族補償年金・遺族年金前払一時金請求書」を一緒に提出します。若年停止により年金の支給が停止されている場合でも，前払いを受けることが可能です。

　前払一時金の額は，給付基礎日額の200日分，400日分，600日分，800日分，1,000日分のうち，希望する額です。

(4) 遺族補償（遺族）一時金

　遺族補償（遺族）一時金は，次のいずれかの場合に支給されます。

a）労働者の死亡当時，遺族補償（遺族）年金を受ける遺族がいない場合
b）遺族補償（遺族）年金の受給権者がすべて失権したとき，受給権者であった遺族の全員に対して支払われた年金の額および遺族補償（遺族）年金前払一時金の額の合計額が，給付基礎日額の1,000日分に達してい

ない場合

遺族補償（遺族）一時金の受給資格者，受給権者の順位は，次のとおりです。

a）配偶者

b）労働者の死亡当時，その収入によって生計を維持していた子・父母・孫・祖父母

c）その他の子・父母・孫・祖父母

d）兄弟姉妹

①　遺族補償（遺族）一時金の内容

遺族補償（遺族）一時金は，次のとおり支給されます。

	遺族補償（傷病）一時金	遺族特別支給金（一時金）	遺族特別一時金
死亡当時遺族補償（遺族）年金を受ける遺族がいないとき	給付基礎日額の1,000日分	300万円	算定基礎日額の1,000日分
遺族年金の受給権者が全員失権し，遺族補償（遺族）年金および遺族補償（遺族）年金前払一時金の合計額が給付基礎日額の1,000日分に満たないとき	給付基礎日額の1,000日分から，すでに支給された遺族補償（遺族）年金および遺族補償（遺族）年金前払一時金の合計額を差し引いた額		算定基礎日額の1,000日分から，すでに支給された遺族特別年金の合計額を差し引いた額

②　請求手続き

所轄労働基準監督署に，添付書類を添えて，次の書類を提出します。

提出先	所轄労働基準監督署
必要書類	（業務災害） 遺族補償一時金支給請求書，複数事業労働者遺族一時金支給請求書，遺族特別支給金支給申請書，遺族特別一時金支給申請書 （通勤災害） 遺族一時金支給請求書，遺族特別支給金支給申請書，遺族特別一時金支給申請書
添付書類など	① 死亡診断書，死体検案書，検視調書など ② 生計を維持していたことを証明できる書類など ③ その他参考書類 マイナンバーカードもしくは，通知カードかマイナンバー付き住民票など＋パスポート，運転免許証など
提出をする人	遺族（配偶者，子，父母，孫，祖父母，兄弟姉妹） ※受給権者が２人以上いる場合は，そのうちの１人を年金の請求，受領の代表者にします。
期日	労働者が死亡したとき

(5) 葬祭料（葬祭給付）

葬祭料（葬祭給付）は，業務または通勤が原因で亡くなった労働者の葬祭を行ったと認められる人に対して支給されます。通常は，葬祭を行うにふさわしい遺族となりますが，遺族がなく，会社が社葬として葬祭を行った場合は，その会社に対して支給されます。なお，労災保険から葬祭料（葬祭給付）を支給された場合，健康保険の埋葬料（埋葬費）は支給されません。

※業務災害：葬祭料　　通勤災害：葬祭給付

① 葬祭料（葬祭給付）の内容

315,000円＋給付基礎日額30日分

この額が給付基礎日額の60日分に満たない場合は，給付基礎日額の60日分が支給額になります。

（計算例）　給付基礎日額が１万円の場合は，315,000円＋300,000円＝

615,000円となり，給付基礎日額60日分（600,000円）より高いため，615,000円が葬祭料になります。

②　請求手続き

所轄労働基準監督署に，添付書類を添えて，次の書類を提出します。

提出先	所轄労働基準監督署
必要書類	（業務災害） 葬祭料又は複数事業労働者葬祭給付請求書 （通勤災害） 葬祭給付請求書
添付書類など	死亡診断書，死体検案書，検視調書など ※遺族補償（遺族）給付に添付した場合は省略できます。
提出をする人	葬祭を行う人
期日	労働者が死亡したとき，すみやかに

7 労災保険の特別加入制度

労災保険は，事業主に雇用されている労働者を対象にしていますが，中小事業主等や一人親方（大工，左官等）などは，労働者に準じて労災保険に特別に加入することが認められています。

(1)　特別加入の種類

特別加入は，①中小事業主等，②一人親方など，③特定作業従事者，④海外派遣者が加入できます。

中小事業主等	常時300人（卸売業またはサービス業の場合は100人，金融業・保険業・不動産業または小売業の場合は50人）以下の労働者を常時使用する中小事業主やその家族従事者，法人役員など
一人親方など	労働者を使用しないで一定の事業を行う一人親方や自営業者など • 個人タクシー業者，個人貨物運送業者 • 建設事業者（大工，左官，とび，石工など） • 漁船による水産動植物採捕事業者 • 林業（立木の伐採，造林，木炭，薪の生産など）の事業者　など
特定作業従事者	• 特定農作業従事者 • 指定農業機械作業従事者 • 職場適応訓練従事者等 • 家内労働者とその補助者 • 労働組合等の常勤役員 • 介護作業従事者および家事支援従事者　など
海外派遣者	日本の事業主から，海外支店や現地法人，合弁事業などに派遣される労働者など ※海外出張の場合は，通常の労災保険が適用されます。

(2) 加入の一般的要件

　中小事業主等が特別加入するには，

① 雇用する労働者について保険関係が成立していること

② 労働保険の事務処理を労働保険事務組合に委託していること

の要件を満たし，所轄都道府県労働局長（所轄労働基準監督署経由）の承認を受ける必要があります。

　一人親方など，特定作業従事者などの特別加入については，中小事業主等の場合と違い労働者について保険関係がないため，その団体を適用事業とみなして保険関係を成立させます。労働保険事務組合に事務委託することも可能ですが，必須ではありません。

　海外派遣者の場合は，派遣元の事業または団体の事業主が自らの保険関係に基づき，申請をします。

○労働保険事務組合とは

　事業主の委託を受けて，事業主が行うべき労働保険の事務処理を代行する事について，厚生労働大臣の認可を受けた中小事業主の団体です。事業協同組合，商工会議所，商工会などが，事業主から委託された労働保険事務の処理を行うために，厚生労働大臣の認可を受けた場合に呼称される名称です。

○特別加入者の保険料と給付内容

　実際の賃金額ではなく，加入時に希望した給付基礎日額に365日を乗じた金額を保険料算定基礎額として，各労災保険料率を乗じて算出します。

給付基礎日額	保険料算定基礎額	給付基礎日額	保険料算定基礎額
25,000円	9,125,000円	8,000円	2,920,000円
24,000円	8,760,000円	7,000円	2,555,000円
22,000円	8,030,000円	6,000円	2,190,000円
20,000円	7,300,000円	5,000円	1,825,000円
18,000円	6,570,000円	4,000円	1,460,000円
16,000円	5,840,000円	3,500円	1,277,500円
14,000円	5,110,000円	(3,000円)	(1,095,000円)
12,000円	4,380,000円	(2,500円)	(912,500円)
10,000円	3,650,000円	(2,000円)	(730,000円)
9,000円	3,285,000円		

　特別加入者も労働者とみなされ，業務災害や通勤災害により被災した場合には，各保険給付を受けることができます。ただし，二次健康診断等給付は除きます。特別加入者に支給される特別支給金は，ボーナス特別支給金以外のものになります。通勤災害についても特別加入者に対して保険給付がありますが，個人タクシー業者，個人貨物運送業者，漁船による水産動植物採捕事業者，指定農業機械作業従事者，家内労働者とその補助者は

90

除かれます。

≪ポイント≫海外出張と海外派遣の場合の労災保険
- 海外出張
  労働者が日本の会社（事業場）の指揮命令下で海外出張を行っている場合は，日本の労災保険の対象となります。
- 海外派遣
  海外の会社（事業場）に所属して，その会社の指揮命令下で勤務している場合は，特別加入の手続きを行っていなければ，労災保険給付を受けることができません。

海外出張	海外派遣
① 商談 ② 技術・仕様などの打ち合わせ ③ 市場調査・会議・視察・見学 ④ アフターサービス ⑤ 現地での突発的なトラブル対処 ⑥ 技術習得などのために海外に赴く場合	① 海外関連会社（現地法人，合弁会社，提携先企業など）へ出向する場合 ② 海外支店，営業所などへ転勤する場合 ③ 海外で行う据付工事・建設工事（有期事業）に従事する場合（統括責任者，工事監督者，一般作業員などとして派遣される場合）

---

8 有期事業の労災保険

「有期事業」とは，ビル建設工事，道路工事，ダム建設工事など建設の事業や立木の伐採事業などの林業で，あらかじめ事業期間が予定されている事業をいいます。1つの工事現場で1つの事業（林業の場合例外あり）となるため，その工事現場ごとに労災保険加入の手続きをする必要があります。

　有期事業の取扱いは労災保険のみで，雇用保険については，取扱いはありません。

(1)　事業を始めたときの加入手続き

　新たに建設事業などを始めたときは，「労働保険保険関係成立届」「労働保険概算保険料申告書（有期事業（一括有期事業を除く））」を作成し，労働基準監督署に提出します。

(2)　事業が終わったときの手続き

　工事が終わったときは，「労働保険確定保険料申告書」を提出して，申告済みの概算保険料を精算することになります。

(3)　一括有期事業

　建設の事業や立木の伐採の事業において，一定の要件に該当する 2 以上の小規模の単独有期事業を一括して 1 の事業（一括有期事業）とみなし，継続事業と同様の方法で適用される制度をいいます。

　一括有期事業は，それぞれの有期事業が，次の要件のすべてを満たす場合に行われます。

① 　事業主が同一人であること
② 　それぞれの事業が建設事業または立木の伐採の事業であること
③ 　それぞれの事業が他の有期事業の全部または一部と同時に行われること
④ 　それぞれの事業の規模が，概算保険料を計算してみた場合，その額が 160 万円未満であって，かつ，建設の事業においては，請負金額（税抜）が 1 億 8,000 万円未満，立木の伐採の事業においては，素材の見込生産量が 1,000 立方メートル未満であること
⑤ 　それぞれの事業の種類が，建設の事業においては，労災保険率表上の事業の種類と同一であること
⑥ 　それぞれの事業に係る保険料納付の事務所が同一であること

○ コラム ○

複数事業労働者への労災保険給付

　今までは，複数の会社で働いている労働者について，働いているすべての会社の賃金額を基に保険給付が行われていませんでした。

　多様な働き方を選択する人や複数就業するパート労働者が増えているなど，副業・兼業を取り巻く状況の変化を踏まえ，安心して働くことができるような環境を整備する観点から，労災保険法が改正され，令和2年9月に施行されました。

■複数事業労働者とは

　被災した（業務や通勤が原因で病気やケガなどになったり，死亡した）時点で，事業主が同一でない複数の事業場と労働契約関係にある労働者のことをいいます。たとえば，A社で午前中働いて，B社で午後働く場合などです。労災の特別加入をしている人も対象になります。

≪改正内容≫

　これまでは給付基礎日額を，労働災害が発生した事業場の賃金額を基礎として算定していました。

　今回の改正で，複数の事業場で働いている場合などについては，すべての事業場等の賃金額を合算した額を基礎として給付基礎日額が算定されます。

　給付基礎日額を使用して保険給付額を決定する次の給付の算定方法が変更となります。

- 休業補償給付，休業給付，複数事業労働者休業給付
- 障害補償給付，障害給付，複数事業労働者障害給付
- 遺族補償給付，遺族給付，複数事業労働者遺族給付
- 葬祭料，葬祭給付，複数事業労働者葬祭給付
- 傷病補償年金，傷病年金，複数事業労働者傷病年金

※給付基礎日額などをもとに算定されている特別支給金についても同様の改正がなされます。

○B社で労働災害が発生した場合の具体例

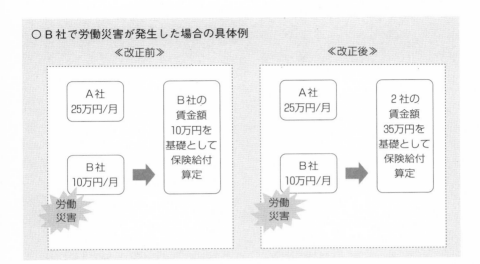

≪改正前≫
　A社　25万円/月
　B社　10万円/月
　労働災害
→ B社の賃金額10万円を基礎として保険給付算定

≪改正後≫
　A社　25万円/月
　B社　10万円/月
　労働災害
→ 2社の賃金額35万円を基礎として保険給付算定

第4章　雇用保険の基礎知識

1　育児休業給付

　雇用保険の被保険者が1歳または1歳2か月[※]（保育所などにおける保育の実施が行われないなどの場合は1歳6か月または2歳）未満の子を養育するために育児休業を取得した場合，一定の要件を満たすと育児休業給付金が支給されます。

　　※父母が共に育児休業を取得する場合は，子が1歳2か月になるまで対象となる場合があります。

　また，子の出生後，8週間以内に4週間まで取得することができる出生時育児休業（産後パパ育休）制度が令和4年10月に創設されました。要件を満たせば，新たに新設された「出生時育児休業給付金」を受給することが可能です。

◆育児休業給付金
(1)　支給要件
　育児休業給付金の支給要件は次のとおりです。
① 　育児休業開始前2年間に賃金支払基礎日数が11日以上ある月（みなし被保険者期間）が12か月以上あること（賃金支払基礎日数が11日以上の月が12か月ない場合，賃金支払の基礎となった時間数が80時間以上の月を1か月として算定します）

② 支給単位期間（育児休業を開始した日から１か月ごとに区分した期間）において，就業していると認められる日が10日以下（10日を超える場合には，就業している時間が80時間以下）であること
③ 支給単位期間に支払われた賃金額が休業開始時の賃金月額の80％未満であること

※前記①の要件を満たさない場合でも，産前休業開始日等を起算点として，その日前２年間に賃金支払基礎日数が11日以上ある月が12か月以上ある場合は要件を満たすこととなりました（令和３年９月１日〜）。

(2) 支給金額

休業開始時賃金日額×支給日数×67％（育児休業の開始から６か月経過後は50％）

事業主から賃金が支払われた場合は，次のとおりとなります。
① 支払われた賃金が休業開始時賃金月額の13％（30％）以下
満額支給：休業開始時賃金日額×支給日数×67％（育児休業の開始から６か月経過後は50％）
② 支払われた賃金が休業開始時賃金月額の13％（30％）超80％未満
休業開始時賃金月額の80％相当額から賃金額を差し引いた額が支給金額になります。
③ 支払われた賃金が休業開始時賃金月額の80％以上
支給されません。

※（30％）は，給付率が50％の場合です。

賃金月額の上限額は455,700円となり，下限額は79,710円となります。各支給単位期間の支給額（休業開始時賃金日額×支給日数×67％（50％））の上限額は，305,319円（227,850円）となります（令和４年８月１日以後

の額，毎年「毎月勤労統計」をもとに変更）。

○支給申請手続き

ハローワークに，添付書類を添えて，次の書類を提出します。

提出先	管轄のハローワーク
必要書類	雇用保険被保険者休業開始時賃金月額証明書 育児休業給付受給資格確認票・（初回）育児休業給付金支給申請書 ※以降，2か月に一度支給申請手続きを行います。
添付書類など	賃金台帳，出勤簿，母子健康手帳のコピーなど マイナンバー
提出をする人	事業主
期日	初回：育児休業開始日から4か月を経過する日の属する月の末日まで 2回目以降：ハローワークの指定日（育児休業給付次回支給申請日指定通知書に，次回申請日が印字されます）

○育児休業給付金の延長

　保育所（無認可保育施設除く）に入所できないなど，次の要件を満たした場合，子が2歳に達する日までの期間，育児休業給付金を延長できます。延長する場合は，市区町村が発行する「保育所入所不承諾通知書」などの提出が必要です。子が1歳に達する日後の延長，1歳6か月に達する日後の延長についてそれぞれ延長手続きが必要になります。

① 　保育所における保育の実施を希望し，申し込みを行っているが，子が
　　1歳または1歳6か月に達する日後の期間について，当面その実施が行
　　われない場合

② 　子の養育予定であった配偶者が，次に該当した場合

　a．死亡したとき

　b．負傷，疾病または身体上もしくは精神上の障害により子を養育する
　　ことが困難な状態になったとき

　c．婚姻の解消その他の事情により配偶者が育児休業の申出に係る子と

同居しないこととなったとき

　d．6週間（多胎妊娠の場合は14週）以内に出産する予定であるかまたは産後8週間を経過しないとき（産前休業を請求できる期間または産前休業期間および産後休業期間）

◆出生時育児休業給付金

(1)　支給要件

出生時育児休業給付金の支給要件は次のとおりです。

①　育児休業開始前2年間に賃金支払基礎日数が11日以上ある（ない場合は就業時間数が80時間以上）完全月が12か月以上あること

②　休業期間中の就業日数が，最大10日（10日を超える場合は就業している時間数が80時間）以下であること

③　子の出生日から8週間を経過する日の翌日までの期間内に，4週間（28日）以内の期間を定めて，当該子を養育するための産後パパ育休（出生時育児休業）を取得した被保険者であること（分割取得は2回まで可能）

　※期間を定めて雇用される被保険者の場合は，子の出生日から8週間を経過する日の翌日から6か月を経過する日までに，その労働契約の期間が満了することが明らかでないこと

(2)　支給金額

休業開始時賃金日額×休業期間の日数（28日が上限）×67％

事業主から賃金が支払われた場合は，次のとおりとなります。

---

① 　支払われた賃金が休業開始時賃金月額の13%以下
　満額支給：休業開始時賃金日額×支給日数×67%
② 　支払われた賃金が休業開始時賃金月額の13%超80%未満
　休業開始時賃金月額の80%相当額から賃金額を差し引いた額が支給金額になります。
③ 　支払われた賃金が休業開始時賃金月額の80%以上
　支給されません。

休業開始時賃金日額の上限は，15,190円となります。

（支給上限額：15,190円×28日×67%＝284,964円）

○支給申請手続き

ハローワークに，添付書類を添えて，次の書類を提出します。

提出先	管轄のハローワーク
必要書類	雇用保険被保険者休業開始時賃金月額証明書 育児休業給付受給資格確認票・（初回）出生時育児休業給付金支給申請書
添付書類など	賃金台帳，出勤簿，母子健康手帳のコピーなど マイナンバー
提出をする人	事業主
期日	出生日から8週間を経過する日の翌日から2か月を経過する日の属する月の末日まで

2 　高年齢雇用継続給付

高年齢雇用継続給付は，60歳以上65歳未満の一定の被保険者を対象に支給され，高年齢雇用継続基本給付金と高年齢再就職給付金の2種類があります。

(1) 高年齢雇用継続基本給付金

① 支給要件

高年齢雇用継続基本給付金の支給要件は次のとおりです。

a．被保険者であった期間が5年以上あること

b．60歳以上65歳未満の被保険者であって，60歳以後の各月の賃金が60歳到達時点の75％未満であること（支給対象月の賃金額が支給限度額360,584円未満であること）（令和3年8月1日以後の額，毎年「毎月勤労統計」をもとに変更）

② 支給金額

a．賃金が61％以下の場合

支給対象月の賃金額×15％

b．賃金が61％を超えて75％未満の場合

支給額＝－183／280×支給対象月の賃金額＋137.25／280×60歳到達時等賃金月額

c．賃金が75％以上の場合

支給されません。

※「支給対象月」とは，60歳に達した日の属する月から65歳に達する日の属する月までの期間内にある各暦月をいいます。

高年齢雇用継続給付の計算例

■60歳到達時等賃金月額が，30万円の場合
① 支払対象月の賃金額が18万円
　18万円×15％＝27,000円
② 支払対象月の賃金が20万円
　（－183／280）×20万円＋（137.25／280）×30万円＝16,340円
③ 支払対象月の賃金が28万円
　75％以上のため，支給されません。

○みなし賃金が算定される場合の高年齢雇用継続基本給付金

　支給対象月の賃金の中に疾病または負傷，妊娠などによる減額がある場合は，減額分も支払われたものとみなして賃金の低下を判断します。

■60歳到達時等賃金月額が，40万円の場合
支給対象月に支払われた賃金額：22万円
負傷により減額した賃金額：2万円
賃金の比較は，40万円と24万円（22万円＋2万円）
低下率：24／40×100＝60%（61%以下）
支給金額：22万円×15%＝33,000円

○特別支給の老齢厚生年金との併給調整

　特別支給の老齢厚生年金の支給を受けながら，高年齢雇用継続給付の支給を受ける期間は，最大で標準報酬月額×6%相当額の老齢厚生年金が支給停止されます。

○支給申請手続き

　ハローワークに，添付書類を添えて，次の書類を提出します。

提出先	管轄のハローワーク
必要書類	雇用保険被保険者60歳到達時等賃金証明書 高年齢雇用継続給付受給資格確認票・（初回）高年齢雇用継続給付支給申請書 ※以降，2か月に一度支給申請手続きを行います。
添付書類など	賃金台帳，出勤簿，運転免許証や住民票のコピーなど マイナンバー
提出をする人	事業主
期日	初回：最初に支給を受けようとする月（受給要件を満たした月）の初日から起算して4か月以内 2回目以降：ハローワークの指定日（高年齢雇用継続給付次回支給申請日指定通知書に，次回申請日が印字されます）

(2) 高年齢再就職給付金

　基本手当を受給した後，60歳以上65歳未満の受給資格者が再就職したときに次の要件をすべて満たす場合に支給されます。なお，同一の就職について，再就職手当の支給を受けた場合は，高年齢再就職給付金は支給されません。

a．基本手当にかかる被保険者であった期間が5年以上あること
b．60歳以上65歳未満の被保険者であって，再就職後の各月の賃金が直前の離職時の賃金月額の75％未満であること（支給対象月の賃金額が支給限度額364,595円未満であること）（令和4年8月1日以後の額，毎年「毎月勤労統計」をもとに変更）
c．安定した職業に就くことにより被保険者となり，再就職の前日における基本手当の支給残日数が100日以上あること

① 支給金額

　高年齢雇用継続基本給付金と同じ計算式で計算した金額です。（支給対象月に支払われた賃金の最大15％）

② 支給期間

　基本手当の支給残日数が200日以上の場合は最大2年間，100日以上の場合は最大1年間となります。

③ 支給申請手続き

　高年齢雇用継続基本給付金の支給申請方法と同様です。支給申請様式も同様となります。

3 介護休業給付

　被保険者が対象家族を介護するために介護休業を取得した場合，一定の要件を満たすと介護休業給付金が支給されます。

(1)　対象家族
　対象家族は，次のとおりです。要介護状態であることが要件となります。

> 被保険者の配偶者（事実婚含む），父母（養父母含む），子（養子含む），配偶者の父母（養父母含む），祖父母，兄弟姉妹，孫

≪要介護状態とは≫
　負傷，疾病または身体上もしくは精神上の障害により，2週間以上にわたり常時介護（歩行，排泄，食事等の日常生活に必要な便宜を供与すること）が必要な状態をいいます。

(2)　支給要件
　介護休業給付金の支給要件は次のとおりです。
① 　介護休業開始前2年間に賃金支払基礎日数が11日以上ある月が12か月以上あること（賃金支払基礎日数が11日以上の月が12か月ない場合，賃金支払の基礎となった時間数が80時間以上の月を1か月として算定します）
② 　支給単位期間（介護休業開始日から起算した1か月ごとの期間）において，就業していると認められる日が10日以下であること
③ 　支給単位期間ごとの賃金が，休業開始時賃金月額の80％未満であること

④ 被保険者が対象家族を介護するため，介護休業期間の初日および末日を明らかにして事業主に申し出を行い，実際に介護休業を取得すること

(3) 介護休業の取得方法，取得回数

介護休業は，対象家族1人につき93日を限度に3回まで取得できます。介護休業を分割して取得する場合は，分割して介護休業給付金が支給されます。

支給単位期間は，介護休業を開始した日から1か月ごとに区分した期間のことです。

（例）

① 令和3年9月1日に介護休業を開始し，10月31日に終了した場合
　　支給単位期間：令和3年9月1日～令和3年9月30日【支給日数30日】
　　支給単位期間：令和3年10月1日～令和3年10月31日【支給日数31日】
② 同じ対象家族について再び介護休業を令和4年3月1日から4月1日まで取得した場合
　　①と通算して93日まで（93－61＝32日）まで受給できます。
　　支給単位期間：令和4年3月1日～令和4年3月31日【支給日数31日】
　　支給単位期間：令和4年4月1日～令和4年4月1日【支給日数1日】

(4) 支給金額

休業開始時賃金日額×支給日数×67％

事業主から賃金が支払われた場合は，次のとおりとなります。

① 支払われた賃金が休業開始時賃金月額の13％以下
　　満額支給：休業開始時賃金日額×支給日数×67％
② 支払われた賃金が休業開始時賃金月額の13％超80％未満
　　休業開始時賃金月額の80％相当額から賃金額を差し引いた額が支給金額になります。

③ 支払われた賃金が休業開始時賃金月額の80％以上

支給されません。

○支給申請手続き

ハローワークに，添付書類を添えて，次の書類を提出します。

提出先	管轄のハローワーク
必要書類	雇用保険被保険者休業開始時賃金月額証明書 介護休業給付金支給申請書
添付書類など	事業主に提出した介護休業申出書，住民票記載事項証明書など（介護対象家族の氏名，本人との続柄などを確認），賃金台帳，出勤簿など ※被保険者本人が提出する場合は，介護休業取扱通知書の添付も必要です。 マイナンバー
提出をする人	事業主
期日	各介護休業の終了日（介護休業期間が３か月以上にわたるときは介護休業開始日から３か月を経過する日）の翌日から起算して２か月を経過する日の属する月の末日まで

4 教育訓練給付

働く人の主体的な能力や知識の習得，資格取得などに向けた教育訓練を受けた場合に，保険給付として教育訓練給付金が支給されます。教育訓練給付金は，雇用の安定と再就職の支援を図ることを目的としています。

教育訓練給付金は，一般教育訓練給付金，特定一般教育訓練給付金，専門実践教育訓練給付金の３種類があります。

① 一般教育訓練

雇用の安定および就職の促進を図ることを目的とした，厚生労働大臣が指定する教育訓練（専門実践教育訓練を除きます）です。

② 特定一般教育訓練

速やかな再就職および早期のキャリア形成に資する，厚生労働大臣が指定する教育訓練です。

③ 専門実践教育訓練

雇用の安定および就職の促進を図ることを目的とした教育訓練のうち，中長期キャリア形成に資する専門的かつ実践的な，厚生労働大臣が指定する教育訓練です。

業務独占資格取得の課程，専門職大学院などの課程　など

＜対象となる資格の例＞　看護師，介護福祉士，美容師，調理師，保育士，歯科衛生士，はり師，社会福祉士，准看護師，柔道整復師，栄養士，精神保健福祉士，助産師，理容師　など

(1)　支給要件

教育訓練給付金の支給要件は次のとおりです。

1）次の①または②のいずれかに該当する人で，厚生労働大臣の指定した教育訓練を修了した人であること

① 教育訓練の受講を開始した日に，一般被保険者または高年齢被保険者である人

② 受講開始日において被保険者でない人で，受講開始日が被保険者資格を喪失した日（離職日の翌日）から1年以内である人

2）受講開始日に支給要件期間が3年以上あること（初めて受ける人は，一般または特定一般教育訓練の場合は1年以上，専門実践教育訓練の場合は2年以上あること）

≪支給要件期間とは≫

　支給要件期間とは，受講開始日までの間に同一の事業主の適用事業に引き続いて被保険者等（一般被保険者，高年齢被保険者または短期雇用特例被保険者）として雇用された期間をいいます。

　その被保険者資格を取得する前に，他の事業所に雇用されるなどで被保険者等であった期間も通算します（前後の被保険者資格の空白期間は１年以内に限ります）。

(2)　支給金額

　支給金額は，指定教育訓練実施者に対して支払った費用に一定率を乗じた額ですが，上限額が設定されています。

	一般教育訓練	特定一般教育訓練	専門実践教育訓練
給付金額	支払った費用の20%	支払った費用の40%	支払った費用の50%（受講中，上限120万円） ※資格を取得し，受講終了日の翌日から１年以内に被保険者として雇用された場合は70%（上限168万円）
訓練期間	１年	１年	原則２年 資格につながる教育訓練は最大３年
上限額	10万円	20万円	１年間で40万円 70%の場合，１年間で56万円

108

○支給申請手続き

ハローワークに，添付書類を添えて，次の書類を提出します。

提出先	本人住所地の管轄ハローワーク
必要書類	教育訓練給付金支給申請書
添付書類など	教育訓練修了証明書，領収書など
提出をする人	本人
期日	①　一般教育訓練：一般教育訓練を修了した日の翌日から起算して1か月以内 ②　特定一般教育訓練：特定一般教育訓練を修了した日の翌日から起算して1か月以内 ③　専門実践教育訓練：受講中は，受講開始日から6か月ごとの期間の末日の翌日から起算して1か月以内 受講修了したときは，受講修了日の翌日から起算して1か月以内

※特定一般教育訓練と専門実践教育訓練は，教育訓練を開始する日の1か月前までに，教育訓練給付金および教育訓練支援給付金受給資格者票にジョブカードを添付して提出する必要があります。

5　基本手当（求職者給付）

一般被保険者が失業した場合は，求職者給付である基本手当が支給されます。

(1)　支給要件

基本手当を受けるためには，次の要件を満たす必要があります。

①　離職の日以前2年間に，被保険者期間が通算して12か月以上あること

②　ハローワークへ行き，求職の申込みを行い，就職しようとする積極的な意思があり，いつでも就職できる能力があるにもかかわらず，努力しても職業に就くことができない「失業の状態」にあること

　①の期間は，「算定対象期間」といいます。なお，①の期間については，特例があります。次のいずれかに該当する場合は，離職の日以前1年間に被保険者期間が通算して6か月以上あることが必要です。

ａ．特定受給資格者（倒産・解雇などにより離職した人）（P.114参照）

ｂ．特定理由離職者（期間の定めのある労働契約の期間が満了し，かつ，当該労働契約の更新がないことで離職した人（更新を希望したにもかかわらず，更新についての合意が成立するに至らなかった場合に限ります）または正当な理由で自己都合退職した人）（P.116参照）

　「被保険者期間」とは，被保険者であった期間を離職日からさかのぼって1か月ごとに区分して，各月の賃金支払基礎日数が11日以上あるとき，または，賃金支払の基礎となった労働時間数が80時間以上ある月を1か月として計算します。

　1か月ごとに区分することで，1か月未満の期間がある場合は，その期間の日数が15日以上あり，かつ，賃金支払基礎日数が11日以上ある場合は，2分の1か月として計算します。

(2)　離職票の提出，受給資格の決定

　基本手当を受けるためには，自分の住所地を管轄するハローワークへ行き，離職票を提出します。そのうえで受給資格の決定がなされ，「受給資格者証」が交付されます。

(3)　待　　期

　基本手当は，ハローワークで求職の申込みを行い，離職票を提出した日（受給資格決定日）から，通算して7日間の失業日については，支給されません。

　この7日間は，「待期」といいます。

≪特定受給資格者の場合の待期例≫

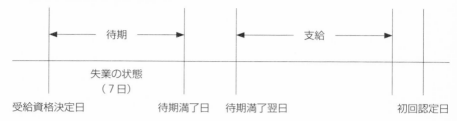

(4) 給付制限

　自己都合退職などで離職した場合や自己の責めに帰すべき重大な理由によって解雇された場合は，待期7日間の後，さらに3か月経過後に基本手当が支給されます。この3か月のことを，「給付制限」といいます。

　令和2年10月1日以降は，正当な理由がない自己都合退職で離職した場合であっても，5年間のうち2回までは，給付制限が2か月となっています。

(5) 失業の認定

　基本手当は，受給資格者が失業している日について支給されます。受給資格者が失業の認定を受けるためには，指定された失業の認定日（4週間に1回）にハローワークへ行き，「失業認定申告書」と「受給資格者証」を提出し，失業の認定を受ける必要があります。

≪ポイント≫マイナンバーカードを活用した失業認定

　令和4年10月からマイナンバーカードで失業認定手続きができるようになりました。

　マイナンバーカードで本人確認ができるようになり，受給資格者証，顔写真の持参が不要になります。手続きの処理結果は，「雇用保険受給資格通知」等に印字され，渡されます。

　マイナンバーカードを持っていない人や，マイナンバーカードでの失業認定手続きを希望しない人は，従来通りの手続きとなります。

(6)　基本手当の日額

基本手当の日額は，賃金日額に給付率を乗じて計算します。

①　賃金日額

賃金日額は，原則として，次の計算式により算定されます。

> 賃金日額＝離職前 6 か月間に支払われた賃金総額／180

賃金日額は，次の図表のとおり，年齢別の上限額と下限額があります。

離職時の年齢	賃金日額の上限額	賃金日額の下限額
60〜64歳	15,950円	2,657円
45〜59歳	16,710円	
30〜44歳	15,190円	
29歳以下	13,670円	

※令和 4 年 8 月 1 日以後の額，毎年「毎月勤労統計」をもとに変更。

賃金が，日給，時間給，出来高払いによって支払われる人は，最低保障（ 1 日の賃金額の70／100）があります。

②　基本手当の日額

賃金日額に給付率を乗じて計算します。

> 基本手当日額＝賃金日額×給付率（45％〜80％）

≪給付率表≫

離職時の年齢	賃金日額	給付率
60～64歳	2,657円以上5,030円未満	80%
	5,030円以上11,120円以下	80～45%
	11,120円超15,950円以下	45%
	15,950円超	7,177円（上限額）
45～59歳	2,657円以上5,030円未満	80%
	5,030円以上12,380円以下	80～50%
	12,380円超16,710円以下	50%
	16,710円超	8,355円（上限額）
30～44歳	2,657円以上5,030円未満	80%
	5,030円以上12,380円以下	80～50%
	12,380円超15,190円以下	50%
	15,190円超	7,595円（上限額）
29歳以下	2,657円以上5,030円未満	80%
	5,030円以上12,380円以下	80～50%
	12,380円超13,670円以下	50%
	13,670円超	6,835円（上限額）

※令和4年8月1日以後の額，毎年「毎月勤労統計」をもとに変更。

(7)　所定給付日数

　所定給付日数とは，基本手当を受けられる日数のことをいいます。

　離職日における「年齢」「被保険者期間」「離職理由」などによって，次の図表のとおり所定給付日数が決定します。

　算定基礎期間とは，被保険者であった期間（前職を離職後，1年以内に被保険者になった場合は通算できます）のことをいいます。

①　②，③以外の離職者（一般の離職者）

年齢区分 ＼ 算定基礎期間	1年未満	1年以上 5年未満	5年以上 10年未満	10年以上 20年未満	20年以上
65歳未満	90日			120日	150日

②　特定受給資格者（特定理由離職者）

年齢区分 ＼ 算定基礎期間	1年未満	1年以上 5年未満	5年以上 10年未満	10年以上 20年未満	20年以上
30歳未満	90日	90日	120日	180日	－
30歳以上35歳未満	90日	120日	180日	210日	240日
35歳以上45歳未満	90日	150日	180日	240日	270日
45歳以上60歳未満	90日	180日	240日	270日	330日
60歳以上65歳未満	90日	150日	180日	210日	240日

　特定理由離職者については，離職日が令和7年3月31日までの間に限ります。

③　身体障害者など就職困難者（身体障害者，知的障害者，精神障害者など）

年齢区分 ＼ 算定基礎期間	1年未満	1年以上
45歳未満	150日	300日
45歳以上65歳未満	150日	360日

(8)　受給期間

　受給資格者が基本手当の支給を受けられるのは，離職日の翌日から1年間です。所定給付日数が360日の場合60日が加算され，330日の場合30日が加算されます。この期間を「受給期間」といい，受給期間を過ぎると，たとえ給付日数が残っていても，それ以後は，基本手当は支給されません。

特例として，妊娠，出産，育児，負傷，疾病などにより，引き続いて30日以上職業に就くことができないときは，最長4年間まで受給期間を延長できる場合があります。

○特定受給資格者の範囲

1．「倒産」などにより離職した人

① 倒産（破産，民事再生，会社更生等の各倒産手続きの申立てまたは手形取引の停止等）に伴い離職した人

② 事業所において大量雇用変動の場合（1か月に30人以上の離職を予定）の届出がされたため離職した人および当該事業主に雇用される被保険者の3分の1を超える人が離職したため離職した人

③ 事業所の廃止（事業活動停止後再開の見込みのない場合を含みます）に伴い離職した人

④ 事業所の移転により，通勤することが困難となったため離職した人

2．「解雇」などにより離職した人

① 解雇（自己の責めに帰すべき重大な理由による解雇を除きます）により離職した人

② 労働契約の締結に際し明示された労働条件が事実と著しく相違したことにより離職した人

③ 賃金（退職手当を除きます）の額の3分の1を超える額が支払期日までに支払われなかったことにより離職した人

④ 賃金が，その労働者に支払われていた賃金に比べて85％未満に低下した（または低下することとなった）ため離職した人（その労働者が低下の事実について予見し得なかった場合に限ります）

⑤ 離職の直前6か月間のうちに，［1］いずれか連続する3か月で45時間，［2］いずれか1か月で100時間，または［3］いずれか連続する2か月以上の期間の時間外労働を平均して1か月で80時間を超える時間外

労働が行われたため離職した人。事業主が危険もしくは健康障害の生ず
るおそれがある旨を行政機関から指摘されたにもかかわらず，事業所に
おいてその危険もしくは健康障害を防止するために必要な措置を講じな
かったため離職した人

⑥　事業主が法令に違反し，妊娠中もしくは出産後の労働者または子の養
育もしくは家族の介護を行う労働者を就業させ，もしくはそれらの人の
雇用の継続等を図るための制度の利用を不当に制限したこと又は妊娠し
たこと，出産したこともしくはそれらの制度の利用の申出をし，もしく
は利用をしたことなどを理由として不利益な取扱いをしたため離職した
人

⑦　事業主が労働者の職種転換等に際して，当該労働者の職業生活の継続
のために必要な配慮を行っていないため離職した人

⑧　期間の定めのある労働契約の更新により3年以上引き続き雇用される
に至った場合において，その労働契約が更新されないこととなったこと
により離職した人

⑨　期間の定めのある労働契約の締結に際しその労働契約が更新されるこ
とが明示された場合において，その労働契約が更新されないこととなっ
たことにより離職した人（上記⑧に該当する場合を除きます）

⑩　上司，同僚などからの故意の排斥または著しい冷遇もしくは嫌がらせ
を受けたことによって離職した人，事業主が職場におけるセクシュアル
ハラスメントの事実を把握していながら，雇用管理上の必要な措置を講
じなかったことにより離職した人および事業主が職場における妊娠，出
産，育児休業，介護休業などに関する言動により労働者の就業環境が害
されている事実を把握していながら，雇用管理上の必要な措置を講じな
かったことにより離職した人

⑪　事業主から直接もしくは間接に退職するよう勧奨を受けたことにより
離職した人（従来から恒常的に設けられている「早期退職優遇制度」な

どに応募して離職した場合は，これに該当しません）

⑫　事業所において，使用者の責めに帰すべき事由により行われた休業が引き続き3か月以上となったことにより離職した人

⑬　事業所の業務が法令に違反したため離職した人

○特定理由離職者の範囲

1．期間の定めのある労働契約の期間が満了し，かつ，当該労働契約の更新がないことにより離職した人（その人が更新を希望したにもかかわらず，その更新についての合意が成立するに至らなかった場合に限ります）（「特定受給資格者の範囲」の2の⑧または⑨に該当する場合を除きます）^(※1)

2．次の正当な理由のある自己都合により離職した者^(※2)

①　体力の不足，心身の障害，疾病，負傷，視力の減退，聴力の減退，触覚の減退等により離職した人

②　妊娠，出産，育児等により離職し，受給期間延長措置を受けた人

③　父もしくは母の死亡，疾病，負傷などのため，父もしくは母を扶養するために離職を余儀なくされた場合または常時本人の看護を必要とする親族の疾病，負傷などのために離職を余儀なくされた場合のように，家庭の事情が急変したことにより離職した人

④　配偶者または扶養すべき親族と別居生活を続けることが困難となったことにより離職した人

⑤　次の理由により，通勤不可能または困難となったことにより離職した人

　a．結婚に伴う住所の変更

　b．育児に伴う保育所その他これに準ずる施設の利用または親族などへの保育の依頼

　c．事業所の通勤困難な地への移転

d．自己の意思に反しての住所または居所の移転を余儀なくされたこと

e．鉄道，軌道，バスその他運輸機関の廃止または運行時間の変更など

f．事業主の命による転勤または出向に伴う別居の回避

g．配偶者の事業主の命による転勤もしくは出向または配偶者の再就職
　　に伴う別居の回避

⑥　その他，「特定受給資格者の範囲」の2の⑪に該当しない企業整備に
よる人員整理などで希望退職者の募集に応じて離職した人など

※1　労働契約において，契約更新条項が「契約の更新をする場合がある」とされ
　　　ている場合など，契約の更新について明示はあるが契約更新の確約まではない
　　　場合がこの基準に該当します。

※2　給付制限を行う場合の「正当な理由」に係る認定基準と同様に判断されます。

6　就職促進給付

　就職促進給付は，失業者の再就職を援助・促進することを目的として支
給されます。就職促進給付は，支給目的によって「就業促進手当」「移転
費」「広域求職活動費」の3種類があります。

(1)　再就職手当

　基本手当の受給資格者が早期に再就職したり，事業を開始した場合に支
給されます。次のすべての要件を満たした場合に支給されます。

①　就職日の前日までの失業認定を受けたうえで，基本手当の支給残日数

が，所定給付日数の３分の１以上であること

② 受給手続き後，７日間の待期期間満了後に，就職または事業を開始したこと

③ 離職した前の事業所に再び就職したものでないこと。また，離職した事業所と資本・資金・人事・取引面で密接な関わりがない事業所に就職したこと

④ 自己都合などの理由で離職したことにより給付制限（基本手当が支給されない期間）がある場合には，求職申込み後，待期期間満了後１か月の期間内はハローワークまたは職業紹介事業者の紹介によって就職したこと

⑤ １年を超えて勤務することが確実であること（契約期間が１年以下の契約社員や派遣社員でも，更新が見込まれる場合，対象となります）

⑥ 原則として，雇用保険の被保険者になっていること

⑦ 受給資格決定（求職の申込み）前から採用が内定した事業主に雇用されたものでないこと

⑧ 過去３年以内に再就職手当または常用就職支度手当の支給を受けたことがないこと

○再就職手当の額

　再就職手当の額は，支給残日数が所定給付日数の３分の１以上３分の２未満の場合は，支給残日数の60％，所定給付日数の３分の２以上の場合は，支給残日数の70％を基本手当日額に乗じて得た額が支給されます。

所定給付日数	支給残日数		再就職手当の額
	支給率60%	支給率70%	
90日	30日以上	60日以上	基本手当日額 × 所定給付日数 の支給残日数 × 60% または 70%
120日	40日以上	80日以上	
150日	50日以上	100日以上	
180日	60日以上	120日以上	
210日	70日以上	140日以上	
240日	80日以上	160日以上	
270日	90日以上	180日以上	
300日	100日以上	200日以上	
330日	110日以上	220日以上	
360日	120日以上	240日以上	

　さらに，再就職手当を受給した人が再就職先に6か月以上雇用され，再就職先での6か月間の賃金が，離職前の賃金よりも低い場合は「就業促進定着手当」を受けることができます。

(2)　就業手当

　受給資格者が，再就職手当の支給対象にならないアルバイトやパートなどで就職した場合に支給されるのが就業手当です。次のすべての要件を満たした場合に支給されます。

① 　離職前の事業主に再び雇用されたものでないこと
② 　待期期間満了後に就職し，または事業を開始したこと
③ 　自己都合などの理由で離職したことにより給付制限（基本手当が支給されない期間）がある場合には，求職申込み後，待期期間満了後1か月の期間内はハローワークまたは職業紹介事業者の紹介によって就職したこと
④ 　受給資格決定（求職の申込み）前から採用が内定した事業主に雇用されたものでないこと

⑤　就業の前日において，支給残日数が，所定給付日数の３分の１以上（ただし，所定給付日数が90日・120日の場合は45日以上）であること

○就業手当の額

　就業手当の額は，就業した各日について基本手当日額（一定の上限あり）の30%が支給されます。

(3)　常用就職支度手当

　常用就職支度手当は，基本手当の受給資格がある人（基本手当の支給残日数が所定給付日数の３分の１未満である人に限ります），高年齢受給資格者，特例受給資格者または日雇受給資格者のうち，障害のある人など就職が困難な人が，ハローワークなどの紹介で，１年以上雇用されることが確実な安定した職業に就いたときに，一定の要件を満たした場合に支給されます。

○常用就職支度手当の額

　常用就職支度手当の額は，基本手当日額など（一定の上限あり）の40%が支給されます。

支給残日数	支給額
支給残日数が90日以上	基本手当日額など×90日×40%
支給残日数が90日未満	基本手当日額など×支給残日数（45日に満たない場合は，45日）×40%

第5章　健康保険・厚生年金保険などの基礎知識

1　療養の給付（保険診療）

　健康保険の被保険者や被扶養者が業務外の事由により病気やケガをした
ときは,「健康保険被保険者証」を保険医療機関等の窓口に提出して, 治
療を受けることができます。これを療養の給付といいます。

> 健康保険被保険者証を提示して治療を受ける⇒療養の給付

※70歳〜74歳の人（後期高齢者医療制度の被保険者等になる人を除きます）は,「高
　齢受給者証」を添えて提示します。

(1)　療養の給付の範囲
　療養の給付の範囲は, 次のとおりです。
a. 診察
b. 薬剤または治療材料の支給
c. 処置・手術その他の治療
d. 在宅で療養する上での管理, その療養のための世話, その他の看護
e. 病院・診療所への入院, その療養のための世話, その他の看護

　業務上や通勤災害による病気やケガの治療は, 労災保険から給付があり
ますので, 対象になりません。また, 美容整形, 一般的な健康診断, 予防

注射，正常な妊娠および出産，経済的な理由による人工妊娠中絶は給付の対象から除かれます。

　療養の給付は，保険医療機関（厚生局長の指定を受けた病院や診療所）が行います。薬局の場合も保険薬局（地方厚生局長から指定を受けた薬局）で，医師の処方箋をもとに，薬剤の調剤などの療養の給付を受けられます。

① 一部負担金

　診療を受ける都度，かかった医療費の3割（または2割）を負担する必要があります。

被保険者		一部負担金割合
70歳未満		3割
70歳以上	一般所得者	2割
	現役並み所得者	3割

　現役並み所得者：標準報酬月額28万円以上の人（単身世帯で年収383万円，夫婦世帯で520万円未満である場合は除きます）が該当します。

② 健康保険給付が制限される場合

　次に該当する場合は，健康保険給付が一部制限されたり，受けられないことがあります。

a．犯罪行為や故意に事故（病気・ケガ・死亡など）を起こしたとき
b．酒酔い，ケンカなどで病気やケガをしたとき
c．詐欺，その他不正に保険給付を受けたり，受けようとしたとき
d．正当な理由なしに医師（病院など）の指示に従わなかったとき
e．保険者（協会けんぽ，健康保険組合）の指示する質問や診断を拒んだとき
f．少年院や刑事施設などにいるとき

③　療養の給付対象外の療養とは

次に示す療養は，他の保険給付として支給されるので，療養の給付には該当しません。

a．入院時の食事の提供

b．特定長期入院被保険者に係る生活療養

c．高度の医療技術を用いた療養など

d．特別の病室の提供など

④　入社したばかりで健康保険証がないとき（健康保険被保険者資格証明書）

入社したばかりで被保険者または被扶養者となる人が病院や歯科医院などで早急に受診する予定がある場合，健康保険被保険者証が交付されるまでの間，事業主または被保険者からの申請に基づき，年金事務所の窓口で「健康保険被保険者資格証明書」が交付されます。健康保険被保険者証の代わりに，資格証明書を医療機関の窓口に提出することで，療養の給付が受けられます。

○申請手続き

年金事務所に，次の書類を提出します。

提出先	管轄の年金事務所（協会けんぽ管掌の事業所の場合）
必要書類	健康保険被保険者資格証明書交付申請書
添付書類など	「被保険者資格取得届」または「被扶養者（異動）届」と一緒に，紙媒体で提出
提出をする人	事業主（または被保険者本人）
時期	健康保険被保険者証が交付されるまでの間，医療機関で受診する必要があるとき

2 入院時食事療養費

　健康保険の被保険者が保険医療機関などに入院したときは，療養の給付とあわせて入院時食事療養費が支給されます。

　食事代は一部定額で被保険者が負担しますが，これを「食事療養標準負担額」といいます。厚生労働大臣が定める食事療養費から食事療養標準負担額を控除した金額が入院時食事療養費となります。

　被保険者（一般所得者の場合）は，1食当たり460円の食事療養標準負担額を保険医療機関などの窓口に支払います。

　被扶養者が入院して，食事の支給を受けたときは，家族療養費として支給されます。

≪入院時食事療養費≫

> 厚生労働大臣が定める食事療養費－食事療養標準負担額＝入院時食事療養費
> （現物給付）

≪食事療養標準負担額≫

食事療養標準負担額		
一般所得者		1食　460円
下記に該当しない小児慢性特定疾病児童等または指定難病患者		1食　260円
減額対象者	住民税非課税世帯の人	1食　210円
	住民税非課税世帯の人で過去1年間の入院日数が90日を超える場合	1食　160円
	住民税非課税世帯に属し，かつ所得が一定基準に満たない70歳以上の高齢受給者	1食　100円

3 出産手当金

　健康保険の被保険者（任意継続被保険者を除く）が出産のために会社を休み，会社から報酬の支払いがない場合，出産手当金が支給されます。

(1) 支給要件
　出産手当金は，出産日以前42日（多胎妊娠の場合は98日。以下同じ）以内，出産後56日以内の期間中に労務に服さなかった日について支給されます。
　詳しい支給要件は，次のとおりです。
① 被保険者が出産したこと
② 妊娠4か月（85日）以上の出産であること（早産・死産（流産）・人工妊娠中絶含みます）
③ 出産のため仕事を休み，報酬の支払いがないこと

> ≪ポイント≫出産予定日より出産が遅れた場合
> 　実際の出産が予定日より遅れた場合，遅れた期間は産前期間として出産手当金が支給されます。つまり，42日を超えて支給されることになります。逆に出産日が早まると支給期間が短くなります。

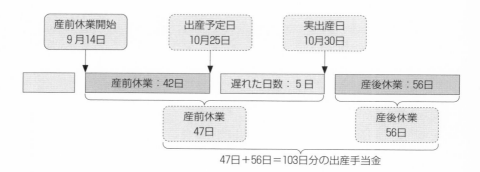

(2) 支給額

> 1日当たりの金額
> 【支給開始日（※）の以前12か月間の各標準報酬月額を平均した額】÷30日×（2／3）

※支給開始日とは，一番最初に出産手当金が支給された日のことです。

支給開始日の以前の期間が12か月に満たない場合は，次のいずれか低い額を使用して計算します。

① 支給開始日の属する月以前の継続した各月の標準報酬月額の平均額
② 標準報酬月額の平均額
  ・28万円：支給開始日が平成31年3月31日までの被保険者
  ・30万円：支給開始日が平成31年4月1日以降の被保険者

(3) 申請時期

産前産後期間の終了後にまとめて申請することも可能ですし，産前分と産後分を分けて申請することも可能です。

≪ポイント≫退職後の出産手当金

原則は受給できませんが，次の要件を満たしている場合には受給可能です。

① 被保険者の資格を喪失した日の前日（退職日）までに継続して1年以上

の被保険者期間（健康保険任意継続の被保険者期間を除きます）があること
② 資格喪失日の前日に出産手当金を受けているか，または受ける条件を満たしていること
なお，退職日に出勤したときは，継続給付を受ける条件を満たさないため，資格喪失後（退職日の翌日）以降の出産手当金は支払われませんので，注意が必要です。

〇支給申請手続き

協会けんぽまたは健康保険組合に，添付書類を添えて，次の書類を提出します。

提出先	協会けんぽ都道府県支部または健康保険組合
必要書類	健康保険　出産手当金支給申請書
添付書類など	・支給開始日以前の12か月以内で事業所に変更があった人は，以前の事業所名，所在地，使用されていた期間がわかる書類 ・マイナンバー（健康保険被保険者証に記載されている記号・番号が不明な場合）
提出をする人	被保険者本人（事業主）
期日	労務に服することができなかった日ごとにその翌日から2年以内 産前分，産後分など複数回で申請することも可能です。

4　出産育児一時金

健康保険の被保険者が出産したときは出産育児一時金が，被扶養者が出産したときは家族出産育児一時金が支給されます。

(1)　支給要件

被保険者または被扶養者が，妊娠4か月（85日）以上で出産したときに

支給されます。出産は，早産・死産（流産）・人工妊娠中絶を含みます。

(2) 支給額

1児ごとに42万円^(※)が支給されます。

※産科医療補償制度に加入している医療機関などで，在胎22週以上で出産した場合です。産科医療補償制度とは，出産したときになんらかの理由で重度脳性麻痺となった赤ちゃんとそのご家族のことを考えた補償制度です。掛金を病院などの分娩機関が負担し，一時金などが支払われます。令和5年4月からは50万円に引き上げられる予定です。

産科医療補償制度に加入していない医療機関などで出産した場合，在胎22週未満で出産した場合は，40万8千円（令和5年4月1日〜　48万8千円（予定））が支給されます。

- 正常分娩の場合……出産育児一時金は全額支給となります。療養の給付の対象にはならないため，定期健診などは自費になります。
- 異常分娩の場合……出産育児一時金は全額支給となります。帝王切開などは，療養の給付の対象になります。自己負担額が高額になる場合は，高額療養費の支給申請ができることもあります。

(3) 直接支払制度

平成21年10月1日から，被保険者が出産する医療機関などで手続きをすることで，出産育児一時金が保険者（協会けんぽ，健康保険組合）から医療機関などに直接支払う仕組みになりました。被保険者は，医療機関などの窓口で，出産育児一時金の額を超えた差額分のみを支払えばよいことになります。

- 出産費用が出産育児一時金の支給額を超えた場合
  超えた金額が医療機関などから請求があります。
- 出産費用が出産育児一時金の支給額未満の場合

出産育児一時金と出産費用の差額分を，「出産育児一時金内払金支払依頼書・差額申請書」に領収書のコピーなどを添付し，保険者に支給申請します。

(4)　被保険者資格喪失後に出産した場合

被保険者資格を喪失した場合でも，次の要件をすべて満たした場合は支給されます。

① 資格喪失日の前日（退職日）までに被保険者期間（任意継続被保険者期間は除きます）が継続して1年以上あること
② 資格喪失後，6か月以内に出産したこと

○支給申請手続き（直接支払制度を利用しない場合）

協会けんぽまたは健康保険組合に，添付書類を添えて，次の書類を提出します。

提出先	協会けんぽ都道府県支部または健康保険組合
必要書類	健康保険被保険者（家族）出産育児一時金支給申請書
添付書類など	① 直接支払制度を利用していないことを証明する書類のコピー（病院などから交付されます） ② 領収・明細書のコピー • マイナンバー（健康保険被保険者証に記載されている記号・番号が不明な場合）
提出をする人	被保険者本人（事業主）
期日	出産日翌日から2年以内

5 産前産後休業中の社会保険料免除，終了後の月額変更

(1) 産前産後休業中の社会保険料免除

　産前産後休業期間中（産前42日（多胎妊娠の場合は98日），産後56日のうち，妊娠または出産を理由として労務に従事しなかった期間）の社会保険料が，被保険者と事業主ともに免除されます。

　事業主が，「健康保険・厚生年金保険　産前産後休業取得者申出書」を提出することで，社会保険料が免除されます。また，産前産後休業中に支払われる賞与にかかる社会保険料についても同様に免除されます。将来受け取れる年金の減額などもありません。

(2) 産前産後休業中の社会保険料の免除期間

　社会保険料の免除期間は，産前産後休業開始日の属する月から，申出書に記載された産前産後休業終了日の翌日が属する月の前月までとなります。

(3) 産前産後休業中の社会保険料免除の手続き例

≪出産前に産休期間中の保険料免除を申出した場合≫

〇出産予定日より前に出産した場合

① 　産前休業開始後に「産前産後休業取得者申出書」を提出します。

② 　出産後に「産前産後休業取得者変更（終了）届」を提出します。

○出産予定日より後に出産した場合

① 産前休業開始後に「産前産後休業取得者申出書」を提出します。

② 出産後に「産前産後休業取得者変更（終了）届」を提出します。

○出産予定日に出産した場合

産前休業開始後に「産前産後休業取得者申出書」を提出します。

その後，出産予定日どおりに出産した場合は，「産前産後休業取得者変更（終了）届」の提出は不要です。

≪出産後に産休期間中の保険料免除を申出した場合≫

出産後に「産前産後休業取得者申出書」を提出します。（出産予定日，出産日の両方を申出）

○申出手続き

年金事務所および健康保険組合に，次の書類を提出します。

提出先	管轄の年金事務所（事務センター）および健康保険組合
必要書類	健康保険・厚生年金保険　産前産後休業取得者申出書 健康保険・厚生年金保険　産前産後休業取得者変更（終了）届
添付書類など	なし
提出をする人	事業主
期日	産前産後休業の期間中

(4)　産前産後休業を終了したときの標準報酬の改定

　産前産後休業終了後，復職した際に短時間勤務などになり，報酬が下がる場合があります。産前産後休業終了後の3か月の報酬額をもとに，新しい標準報酬月額を決定し，その翌月から改定します。1月から6月までに改定された場合はその年の8月まで，7月から12月までに改定された場合は翌年の8月まで適用されます。

　この改定手続きは，固定的賃金に変動がなくても，また，標準報酬月額が1等級しか下がらない場合でも行うことができます。ただし，産前産後休業終了日の翌日に育児休業を開始した場合は対象になりません。

1）改定要件

　次の①および②を満たす場合に改定手続きをします。

①　今までの標準報酬月額と改定後の標準報酬月額（産前産後休業終了日の翌日が属する月以後3か月分の報酬の平均額）との間に1等級以上の差が生じるとき

②　産前産後休業終了日の翌日の属する月以後3か月のうち，少なくとも1月における「報酬の支払の基礎となる日数」が17日以上（特定適用事業所に勤めていて，短時間労働者として適用されている場合は11日）であるとき

　※短時間労働者（パート）に係る支払基礎日数の取扱いについては，3か月のいずれも17日未満の場合は，そのうち15日以上17日未満の月の報酬月額の平均で算出します。

2）引き続き育児休業を取得する場合

　産前産後休業が終了した日の翌日に引き続いて育児休業を開始した場合は，提出できません。この場合は，育児休業が終了した時点で「育児休業等終了時報酬月額変更届」を提出し，復職後の社会保険料改定手続きを行います。

○改定手続き

年金事務所および健康保険組合に，次の書類を提出します。

提出先	管轄の年金事務所（事務センター）および健康保険組合
必要書類	健康保険・厚生年金保険　産前産後休業終了時報酬月額変更届
添付書類など	なし
提出をする人	事業主（被保険者から申出があったとき）
期日	すみやかに

6 　育児休業中の社会保険料免除，終了後の月額変更

育児休業期間中は，社会保険料が，被保険者と事業主ともに免除されます。事業主が，「健康保険・厚生年金保険　育児休業等取得者申出書（新規・延長）」を提出することで，社会保険料が免除されます。

また，この申出は，現に，次の休業をしている間に行わなければなりません。

① 　1歳に満たない子を養育するための育児休業

② 　保育所待機など特別な事情がある場合の1歳6か月に達する日までの育児休業

③ 　保育所待機など特別な事情がある場合の2歳に達する日までの育児休業

④ 　1歳（②の場合は1歳6か月，③の場合は2歳）から3歳に達するまでの子を養育するための育児休業の制度に準ずる措置による休業

(1)　社会保険料の免除期間

育児休業等開始月から終了予定日の翌日の属する月の前月（育児休業終了日が月の末日の場合は育児休業終了月）までです。

≪具体例≫

　育児休業開始日が令和3年10月1日，育児休業終了日が令和4年8月4日の場合：社会保険料の免除は，令和3年10月（育児休業等開始月）から令和4年7月（終了予定日の翌日の属する月の前月）までです。

育児休業開始
令和3年10月1日

育児休業終了
令和4年8月4日

保険料免除期間

令和3年10月

令和4年7月

○申出手続き

　年金事務所および健康保険組合に，次の書類を提出します。

提出先	管轄の年金事務所（事務センター）および健康保険組合
必要書類	健康保険・厚生年金保険　育児休業取得者申出書（新規・延長）／終了届 ※産前産後休業から引き続き育児休業期間も社会保険料の免除を受ける場合には，提出が必要です。 ※育児休業を延長するときも提出します。 ※育児休業等期間が当初の予定日より前に終了した場合，育児休業等取得者終了届を提出します。
添付書類など	なし
提出をする人	事業主
期日	各育児休業期間の開始後すみやかに

≪育児休業中の保険料の免除要件の見直し≫

　短期の育児休業の取得に対応して，月内に2週間以上の育児休業を取得した場合には，その月の保険料を免除するとともに，賞与にかかわる保険料については賞与月の末日を含んだ連続した1か月を超える育児休業を取得している場合に限り，免除の対象となります（令和4年10月1日〜）。

⑵　育児休業を終了したときの標準報酬の改定

　育児休業終了後，復職した際に短時間勤務などになり，報酬が下がる場合があります。育児休業終了後の3か月の報酬額をもとに，新しい標準報酬月額を決定し，その翌月から改定します。

　この改定手続きは，固定的賃金に変動がなくても，また，標準報酬月額が1等級しか下がらない場合でも行うことができます。

１）改定要件

　①および②を満たす場合に改定手続きをします。

①　今までの標準報酬月額と改定後の標準報酬月額（育児休業終了日の翌日が属する月以後3か月分の報酬の平均額）との間に1等級以上の差が生じるとき

②　育児休業終了日の翌日の属する月以後3か月のうち，少なくとも1月における「報酬の支払の基礎となる日数」が17日以上（特定適用事業所に勤めていて，短時間労働者として適用されている場合は11日）であるとき

　※短時間労働者（パート）に係る支払基礎日数の取扱いについては，3か月のいずれも17日未満の場合は，そのうち15日以上17日未満の月の報酬月額の平均で算出します。

２）産前産後休業に引き続き育児休業を取得する場合

　産前産後休業が終了した日の翌日に引き続いて育児休業を開始した場合は，「産前産後休業終了時報酬月額変更届」は提出できません。この場合は，育児休業が終了した時点で「育児休業等終了時報酬月額変更届」を提出し，復職後の社会保険料改定手続きを行います。

〇改定手続き

　年金事務所および健康保険組合に，次の書類を提出します。

提出先	管轄の年金事務所（事務センター）および健康保険組合
必要書類	健康保険・厚生年金保険　育児休業終了時報酬月額変更届
添付書類など	なし
提出をする人	事業主（被保険者から申出があったとき）
期日	すみやかに

7　3歳未満の子を養育する被保険者の養育特例

　子が3歳までの間，勤務時間短縮などで働き，それにともなって標準報酬月額が低下した場合，子が生まれる前の標準報酬月額に基づく年金額を受け取ることができる仕組みが設けられています。

　この特例制度は，育児休業を取得していない男性も対象になります。

(1)　特例要件

　減額される前の標準報酬月額をその期間の標準報酬月額とみなして，将来の年金額を計算します。

　3歳未満の子を養育する被保険者が対象となります。

　養育開始月の前月に厚生年金保険の被保険者でない場合には，その月前1年以内の直近の被保険者であった月の標準報酬月額が従前の報酬月額とみなされます。その月前1年以内に被保険者期間がない場合は，対象になりません。

(2)　対象期間

　3歳未満の子の養育を開始した日の属する月から，養育を終了した日の翌日の属する月の前月までの期間です。

(3)　養育特例の対象期間の終了

次のいずれかに該当する日の翌日の属する月の前月にて，養育特例は終了します。

① 　子が3歳に達したとき

② 　該当の子以外の子にかかる特例措置が開始したとき

③ 　産前産後休業または育児休業などによる保険料免除（第2子などによる）が開始されたとき

④ 　厚生年金被保険者の資格を喪失したとき

⑤ 　子の死亡その他の理由で，子を養育しなくなったとき

○申出手続き

年金事務所および健康保険組合に，次の書類を提出します。

提出先	管轄の年金事務所（事務センター）
必要書類	厚生年金保険　養育期間標準報酬月額特例申出書・終了届
添付書類など	①戸籍謄（抄）本または戸籍記載事項証明書 ②住民票
提出をする人	事業主（被保険者から申出があったとき）
期日	すみやかに

8　傷病手当金

被保険者（任意継続被保険者を除きます）が業務外のケガや病気のため，働けず報酬の支払いがない場合に支給されます。

(1)　支給要件

被保険者が次の要件をすべて満たしたときに支給されます。

① 被保険者がケガや病気の療養のために労務不能であること
② 会社を休んだ日が連続して3日間あること
③ 休んだ期間について事業主から報酬の支払いを受けていないこと

(2) 待期期間

労務不能になり，3日間連続して休んだことを「待期」といいます。この期間は，傷病手当金の支給はありません。

待期は，公休日や祝日，年次有給休暇が含まれていても，労務不能の日が3日間連続していれば完成します。

例1：3日間連続して休んだ場合

休	休	休

連続した3日間のため，待期完成（○）

例2：1日休んだ後に出勤をして，その後3日間休んだ場合

休	**出**	休	休	休

連続した3日間のため，待期完成（○）

例3：3日間連続して休まなかった場合

休	出	出	休	休	出

連続して3日間休んでいないため，待期未完成（×）

例4：年次有給休暇と公休日を含んで3日間連続して休んだ場合

年	公	休

※年：年次有給休暇　公：公休日

休日や休暇を含んでいても連続した3日間のため，待期完成（○）

(3)　支給期間

　傷病手当金は，同一の傷病について，支給開始日から1年6か月の期間で支給されます。

≪傷病手当金の支給期間の通算化≫（令和4年1月〜）

　現行制度では，支給期間は，支給開始日から1年6か月としていますが，法改正により，支給開始日から「通算して」1年6か月となりました。病気がいったん回復して労務可能となり職場復帰した人が，再度同じ病気で休んだ場合，職場復帰していた期間を除いて，1年6か月をカウントできるようになりました。がん治療との両立を目指した法改正となります。

(4)　支給額

　1日当たりの金額
【支給開始日の以前12ヶ月間の各標準報酬月額を平均した額】÷30日×（2/3）
（支給開始日とは，一番最初に傷病手当金が支給された日のことです）

　支給開始日の以前の期間が12か月に満たない場合は，次のいずれか低い額を使用して計算します。

① 　支給開始日の属する月以前の継続した各月の標準報酬月額の平均額
② 　標準報酬月額の平均額
　・28万円：支給開始日が平成31年3月31日までの被保険者
　・30万円：支給開始日が平成31年4月1日以降の被保険者

　労務不能の日について，報酬が受けられるときは，傷病手当金は支給されません。ただし，報酬の額が傷病手当金の額に満たないときは，その差額が支給されます。

(5)　傷病手当金の調整

①　障害厚生年金または障害手当金との調整

　障害厚生年金または障害手当金を受けている場合は，傷病手当金は支給されません。ただし，障害厚生年金の額（同一の支給事由による障害基礎年金が支給される場合はその合算額）の1／360が傷病手当金の日額より少ない場合は，差額が支給されます。

　障害手当金は，傷病手当金の合計額が障害手当金の額に達した日において，傷病手当金の支給要件を満たしている場合，支給期間内において，その日数分が支給されます。

②　老齢給付（老齢厚生年金等）との調整

　資格喪失後の傷病手当金を受けることができる場合で，老齢厚生年金等の年金給付を受けることができるときは，傷病手当金は支給されません。ただし，老齢厚生年金等の額の1／360が傷病手当金の日額より少ない場合は，差額が支給されます。

③　労災保険の休業補償給付との調整

　労災保険から休業補償給付を受けている間は，傷病手当金は支給されません。ただし，休業補償給付の日額が傷病手当金の日額より少ない場合は，その差額が支給されます。

④　出産手当金との調整

　傷病手当金と出産手当金が同時に支給されるような状態が生じた場合は，原則として出産手当金が優先して支給され，その間傷病手当金は支給されません。ただし，傷病手当金の額が出産手当金の額よりも多ければ，その差額が支給されます。

≪ポイント≫退職後の傷病手当金
　被保険者の資格を喪失した場合であっても，次の要件を満たしている場合には受給可能です。
①　被保険者の資格を喪失した日の前日（退職日）までに継続して1年以上の被保険者期間（健康保険任意継続の被保険者期間を除きます）があること
②　資格喪失日の前日に傷病手当金を受けているか，または受ける条件を満たしていること
　なお，退職日に出勤したときは，継続給付を受ける条件を満たさないため，資格喪失後（退職日の翌日）以降の傷病手当金は支払われませんので，注意が必要です。

〇支給申請手続き

　協会けんぽまたは健康保険組合に，添付書類を添えて，次の書類を提出します。

提出先	協会けんぽ都道府県支部または健康保険組合
必要書類	健康保険　傷病手当金支給申請書
添付書類など	・支給開始日以前の12か月以内で事業所に変更があった人は，以前の事業所

	名，所在地，使用されていた期間がわかる書類 • ケガの場合は，負傷原因届 • マイナンバー（健康保険被保険者証に記載されている記号・番号が不明な場合）
提出をする人	被保険者本人（事業主）
期日	1月に1回（賃金締日に合わせるなど） 労務に服することができなかった日ごとに2年以内

9 療養費

　健康保険では，健康保険被保険者証を保険医療機関などの窓口に提出して療養の給付を受けることを原則としていますが，保険者が療養の給付をすることが困難であると認める場合，やむを得ない事情で，保険医療機関などで保険診療を受けることができず，自費で受診した場合には，その費用について，療養費が支給されます。被扶養者を対象にしたものは，家族療養費といいます。

(1) 支給要件
　次に該当する場合は，療養費の支払いを受けることができます。

① 保険者が療養の給付をすることが困難であると認めるとき
• 事業主が資格取得届の手続き中で被保険者証が未交付のため，保険診療が受けられず自費で支払いをしたとき
• 生血液の輸血を受けたとき
• 療養のため，医師の指示によりコルセット・ギプス・義手・義足・義眼を装着したとき
• 医師の指示により9歳未満の小児が小児弱視などの治療を目的として眼

鏡やコンタクトレンズを購入したとき

- 過疎地で保険医療機関が近くにないため，保険医以外にかかったとき
- 感染症予防法により，隔離収容された場合で薬価を徴収されたとき
- 海外で療養を受けたとき（海外療養費）

　※旅行などの海外渡航中に病気やケガで療養を受けたときは，帰国後に必要書類を
　　添付して申請することで，療養にかかった費用の一部が払い戻される場合があり
　　ます。ただし，支給対象となるのは，日本国内で保険診療として認められた場合
　　に限られます。そのため，美容整形やインプラントなど日本国内で保険診療対象
　　外の治療や，療養目的での海外渡航に関しては，支給を受けることができません。

②　柔道整復師などから施術を受けたとき

- 柔道整復師の施術

　　骨折，脱臼，打撲および捻挫の施術を受けた場合に保険給付の対象に
なります。

　　骨折および脱臼については，緊急の場合を除き，あらかじめ医師の同
意が必要です。単なる肩こり，疲労回復などに対する施術は保険の対象
外です。

　　柔道整復師の施術については，被保険者などが自己負担分を柔道整復
師に支払い，柔道整復師が残りの費用を保険者に請求する「受領委任」
という方法が認められています。

　　このため，多くの整骨院・接骨院などでは，病院・診療所などにか
かったときと同じように，窓口で自己負担分のみ支払うことで施術を受
けることができます。

- はり，灸の施術

　　主として神経痛，リウマチ，頸腕症候群，五十肩，腰痛症および頸椎
捻挫後遺症などの慢性的な疼痛を主症とする疾患の治療を受けたときに
保険給付の対象となります。あらかじめ医師の発行した同意書または診
断書が必要になります。

- マッサージの施術

　筋麻痺や関節拘縮などであって，医療上マッサージを必要とする症例について施術を受けたときに保険給付の対象となります。あらかじめ医師の発行した同意書または診断書が必要になります。

③　やむを得ず，保険医療機関以外で診療を受けたとき

　旅行中に急病となったため，やむを得ず保険医療機関以外で診療を受けた場合や，交通事故でたまたま入った病院が保険医療機関でなかった場合などです。ただし，やむを得ない理由が認められなければ，療養費は支給されません。

(2)　支給額

　被保険者や被扶養者が保険医療機関で保険診療を受けた場合を基準に計算した額（実際に支払った額が保険診療基準の額より少ないときは，実際に支払った額）から，一部負担金（療養に要した費用の1割・2割・3割）相当額を差し引いた額を標準としています。

○支給申請手続き

　協会けんぽまたは健康保険組合に，添付書類を添えて，次の書類を提出します。

提出先	協会けんぽ都道府県支部または健康保険組合
必要書類	健康保険被保険者療養費（家族療養費）支給申請書
添付書類など	・診療明細書（原本） ・領収書（原本） ・ケガの場合は，負傷原因届 ・治療用装具購入の場合：医師の「意見および装具装着証明書」など ・マイナンバー（被保険者の課税情報の情報連携を希望する場合）など
提出をする人	被保険者本人

期日	治療費を支払ったあと2年以内

※海外赴任中や海外旅行中に急な病気やけがなどにより，現地の医療機関で診療を受けた場合は，申請により，「海外療養費」が支給されます。

10　高額療養費

　重い病気で長期に入院したり，療養が長引く場合は，医療費の自己負担額が高額になります。高額療養費とは，自己負担額が一定期間に一定額を超えた場合に，その超えた部分が返金される制度です。

(1)　支給要件

　同一月（1日から末日まで）に保険医療機関等の窓口で支払った高額療養費の対象となる自己負担額の合計が自己負担限度額を超えた場合に，その超えた部分が高額療養費として支給されます。

　同一月内の医療費の自己負担限度額は，入院，通院，医療機関，診療科ごとに，年齢および所得区分に応じて次の計算式により算出されます。

≪70歳未満の自己負担限度額表≫

　被保険者・被扶養者ともに医療費の3割を自己負担しますが，この自己負担額が自己負担限度額を超えた場合に，その超えた部分が支給されます。

所得区分	自己負担限度額	多数該当(※1)
⑦標準報酬月額83万円以上	252,600円＋（医療費－842,000円）×1％	140,100円
⑦標準報酬月額53万〜79万円	167,400円＋（医療費－558,000円）×1％	93,000円
⑦標準報酬月額28万〜50万円	80,100円＋（医療費－267,000円）×1％	44,400円
⑦標準報酬月額26万円以下	57,600円	44,400円
⑦低所得者(※2)	35,400円	24,600円

146

※1　多数該当高額療養費
　直近の12か月間に高額療養費の支給回数が4回以上になったとき，4回目以降は，自己負担限度額表の多数該当の額を超える部分が支給されます。
※2　低所得者
　区市町村民税非課税者，生活保護法の要保護者で，高額療養費の支給があることで保護を必要としなくなる人

【⑦に該当する人の計算例】
1か月の医療費が1,200,000円（自己負担額360,000円）の場合
167,400円＋（1,200,000円－558,000円）×1％＝167,400円＋6,420円＝173,820円が自己負担限度額となります。この額を超える額（360,000円－173,820円＝186,180円）が高額療養費の支給額となります。

≪70歳以上75歳未満の自己負担限度額表≫

　被保険者・被扶養者に係る自己負担額が自己負担限度額を超えた場合に，その超えた部分が支給されます。

所得区分		自己負担限度額		多数該当
		外来（個人ごと）	外来・入院（世帯）	
現役並み所得者^(※1)	⑦標準報酬月額83万円以上	252,600円＋（医療費－842,000円）×1％		140,100円
	⑦標準報酬月額53万～79万円	167,400円＋（医療費－558,000円）×1％		93,000円
	⑦標準報酬月額28万～50万円	80,100円＋（医療費－267,000円）×1％		44,400円
一般所得者（⑦～⑦以外の人）		18,000円（年間上限144,000円）	57,600円	44,400円
低所得者	Ⅱ^(※2)	8,000円	24,600円	
	Ⅰ^(※3)		15,000円	

※1　現役並み所得者
　現役並み所得者とは，医療費の自己負担割合が3割の人をいいます。区市町村民税が非課税などであっても現役並み所得者になります。
※2　低所得者Ⅱ
　被保険者が区市町村民税の非課税者などである場合です。
※3　低所得者Ⅰ
　被保険者とその被扶養者すべての人の収入から必要経費・控除額を除いた後の所得がない場合です。

(2)　**世帯合算高額療養費**

　世帯（被保険者および被扶養者）で複数の人が同じ月に病気やケガをして保険医療機関等で受診した場合や，一人が複数の医療機関で受診したり，一つの医療機関で入院と外来で受診した場合は，自己負担額は世帯で合算することができます。その合算した額が自己負担限度額を超えた場合は，超えた額が払い戻しされます。

　70歳未満の人の合算できる自己負担額は，21,000円以上であるものに限られます。70歳以上の方は自己負担額をすべて合算できます。

(3)　**特定疾病高額療養費**

　長期間にわたって治療を継続しなければならず，非常に高額な医療費が必要となる病気については，特定疾病の高額療養費制度があります。自己負担限度額を1万円（70歳未満の人工腎臓を実施している慢性腎不全の標準報酬月額が53万円以上の人は2万円）とし，経済的負担を軽減しています。「特定疾病療養受療証」の交付を受けて，健康保険被保険者証などとあわせて保険医療機関の窓口に提出します。

　特例の対象となる特定疾病については，法令上，指定されています。
①　人工腎臓を実施している慢性腎不全（人工透析治療）
②　血漿分画製剤を投与している先天性血液凝固第Ⅷ因子障害または先天性血液凝固第Ⅸ因子障害（血友病）
③　抗ウイルス剤を投与している後天性免疫不全症候群（ＨＩＶ感染を含み，厚生労働大臣の定める者に係るものに限られます）

(4)　**高額療養費の現物給付（限度額適用認定）**

　治療費が高額になりそうなとき，事前に協会けんぽ，健康保険組合の認定（「限度額適用認定証」または「限度額適用・標準負担額減額認定証」

（低所得者の場合）の交付）を受けることにより，自己負担限度額までの額を保険医療機関などの窓口で支払えばよいことになっています。

○支給申請手続き

協会けんぽまたは健康保険組合に，添付書類を添えて，次の書類を提出します。

提出先	協会けんぽ都道府県支部または健康保険組合
必要書類	健康保険　被保険者・被扶養者・世帯合算　高額療養費支給申請書［治療費が高額になりそうなとき，事前に申請：健康保険限度額適用認定申請書］
添付書類など	• 領収書のコピー • ケガの場合は，負傷原因届 • マイナンバーなど
提出をする人	被保険者本人
期日	高額な治療費を支払ったあと2年以内

11 埋葬料，埋葬費

被保険者が死亡したとき，埋葬を行う人に対して，埋葬料または埋葬費が支給されます。

(1) 支給要件
① 埋葬料

被保険者が死亡したとき，亡くなった被保険者により生計を維持されていた人で，埋葬を行う人に支給されます。

※埋葬料は，死亡の事実またはその確認があれば支給され，埋葬を行ったこと自体は要件されていません。仮埋葬や葬儀を行わない場合でも支給されます。

② 　埋葬費

　被保険者が死亡したとき，埋葬料を受けられる人がいない場合は，実際に埋葬を行った人に支給されます。

※埋葬費は，実際に埋葬を行った人に支給されます。埋葬を行った事実が必要であり，埋葬後でなければ埋葬費の請求はできません。

(2)　支給金額

① 　埋葬料

　50,000円が支給されます。

② 　埋葬費

　埋葬料の額の限度で，埋葬に要した費用が支給されます。

　実際に埋葬に要した費用は，葬壇一式料のほか，霊柩車代，霊柩運搬代，霊前供物代，火葬料，僧侶の謝礼などが含まれます。

(3)　家族埋葬料

　被扶養者が死亡した場合は，被保険者に対し，家族埋葬料が支給されます。家族埋葬料の額は，50,000円です。

≪ポイント≫資格喪失後の埋葬料，埋葬費

　被保険者が資格喪失後に死亡したとき，次のいずれかに該当する場合は，埋葬料・埋葬費が支給されます。

① 　被保険者の資格喪失後3か月以内に死亡したとき

② 　被保険者の資格喪失後，傷病手当金または出産手当金の継続給付を受けている間に死亡したとき

③ 　被保険者の資格喪失後，傷病手当金または出産手当金の継続給付を受けていたが，給付を受けなくなってから3か月以内に死亡しとき

※被保険者の資格喪失後に被扶養者が死亡しても，家族埋葬料は支給されません。

○支給申請手続き

　協会けんぽまたは健康保険組合に，添付書類を添えて，次の書類を提出します。

提出先	協会けんぽ都道府県支部または健康保険組合
必要書類	健康保険　被保険者・家族　埋葬料（費）支給申請書
添付書類など	・死亡原因がケガの場合は，負傷原因届 ・被保険者が亡くなり， 　⇒被扶養者が申請する場合：事業主証明 　⇒被扶養者以外が申請する場合：住民票 ・埋葬費申請の場合：領収書の原本　など ・マイナンバー（健康保険被保険者証に記載されている被保険者の記号・番号が不明な場合）
提出をする人	被扶養者，生計を維持されていた人，埋葬を行った人など
期日	被保険者または被扶養者の死後すみやかに（2年以内）

⬤ コラム ⬤

こんなにある！　「役立つ」出産・育児に伴う社会保険制度一覧

制度名	要件	支給額等
出産手当金 （健康保険制度）	出産日（出産が予定日より後になった場合は，出産予定日）以前42日（多胎妊娠の場合は98日）から出産日の翌日以降56日までの範囲内で，会社を休み給与の支払いがなかった期間支給	休業1日につき，標準報酬日額の3分の2 ※標準報酬日額＝【支給開始日の以前12か月間の各標準報酬月額を平均した額】÷30日
出産育児一時金 （健康保険制度）	被保険者または家族（被扶養者）が，妊娠4か月（85日）以上で出産をした場合支給。（早産，死産，流産，人工妊娠中	一児につき42万円（令和5年4月1日〜　50万円（予定））（※産科医療補償制度

	絶（経済的理由によるものも含む）も含まれます。）	に加入していない医療機関の場合は40.8万円）（令和5年4月1日〜　48.8万円）
産前産後，育児休業時社会保険料免除 （健康保険・厚生年金保険制度）	産前産後：産前産後休業開始月から終了予定日の翌日の月の前月（産前産後休業終了日が月の末日の場合は産前産後休業終了月）まで，事業主の申出により免除 育児休業：育児休業等開始月から終了予定日の翌日の月の前月（育児休業終了日が月の末日の場合は育児休業終了月）まで，事業主の申出により免除	産前・産後，育児休業期間中は，本人負担および会社負担分全額免除
育児休業給付金 （雇用保険制度）	1歳または1歳2か月（延長した場合は1歳6か月または2歳）未満の子を養育するために育児休業を取得した場合に支給 （詳細要件） • 雇用保険に加入していること • 育休中，休業開始前の1か月当たりの賃金の8割以上の賃金が支払われていないこと • 育休前の2年間のうちで，1か月に11日以上働いた月が12か月以上あること • 各支給単位期間ごとに就業している日数が10日以下であること　など	休業開始前の賃金の概ね50% ※ただし一定期間は，50%→67%
出生時育児休業給付金 （雇用保険制度）	子の出生後，8週間以内に4週間まで取得することができる出生時育児休業（産後パパ育休）を取得した場合に支給 （詳細要件） • 休業期間中の就業日数が，最大10日（10日を超える場合は就業している時間数が80時間）以下であること • 休業開始前2年間に，賃金支払基礎日数が11日以上ある（ない場合は就業時間数が80時間以上）完全月が12か月以上あること　など	休業開始時賃金日額×支給日数×67% ※出生時育児休業期間中に賃金が支払われた場合は，調整されます。

標準報酬月額の養育特例（厚生年金保険制度）	被保険者の申出により，子どもが３歳までの間，短時間勤務等で働き，それに伴って標準報酬月額が低下した場合，子どもが生まれる前の標準報酬月額に基づく年金額を受給できる。	養育開始月の前月の標準報酬月額を下回る場合，「厚生年金保険養育期間標準報酬月額特例申出書」を提出することにより，子どもが生まれる前の標準報酬月額に基づく年金額を受給できる。
子どもの扶養加入（健康保険制度）	子どもが誕生したら届出をする。（夫婦両方とも健康保険制度に加入している場合は，収入が多い方の扶養に加入）	子どもの健康保険料免除

12 年金の仕組み（老齢・障害・遺族年金）

　年金は，高齢になったときに受け取る老齢年金の他に，手足・眼などの外部障害や糖尿病・がんなどの内部障害に該当した場合の障害年金，家族の働き手が亡くなってしまったときに受け取れる遺族年金があります。

　公的年金は，「老齢」「障害」「遺族」の３つの保障機能を備えているのです。

≪公的年金は，３つの保障機能を備えている≫

老齢になったとき	障害になったとき	死亡したとき
老齢厚生年金	障害厚生年金	遺族厚生年金
老齢基礎年金	障害基礎年金	遺族基礎年金

　見落としがちですが，公的年金は，請求しないと受給できません。

　老齢年金であれば，「年金請求書（国民年金・厚生年金保険老齢給付）」
障害年金であれば，「年金請求書（国民年金・厚生年金保険障害給付）」
遺族年金であれば，「年金請求書（国民年金・厚生年金保険遺族給付）」
などを，添付書類とともに，ご自宅近くの年金事務所などに提出して，請
求する必要があります。

13　老齢年金（老齢基礎年金・老齢厚生年金）

　老齢年金は，被保険者が高齢になり，所得を得ることができなくなった
ときに支給されます。老齢年金には，「老齢基礎年金」と「老齢厚生年
金」があり，それぞれ65歳から支給されます。老齢厚生年金は，生年月日
などにより，60歳から65歳になるまでに支給されるものがあり，これを
「特別支給の老齢厚生年金」といいます。

老齢基礎年金

(1)　支給要件

　老齢基礎年金は，受給資格期間が10年以上ある人が，65歳に達したとき
に支給されます。受給資格期間は，保険料納付済期間・保険料免除期間・
合算対象期間が合算または単独で10年以上あれば支給要件を満たします
（合算対象期間のみでは支給要件を満たしません）。

　20歳から60歳になるまでの40年間（480月）の全期間保険料を納めた人
は，65歳から満額の老齢基礎年金を受給することができます。

①　保険料納付済期間

　第1号被保険者のうち保険料を納付した期間，第2号被保険者のうち20
歳以上60歳未満の期間，第3号被保険者としての被保険者期間をいいます。

② **保険料免除期間**

　法定免除（生活保護法により生活扶助を受けている人や障害基礎年金の受給資格者など），申請免除（所得が低いため保険料の免除を受けている人など）により，保険料の納付を要しないとされた期間をいいます。

③ **合算対象期間（カラ期間）**

　受給資格期間には含めることができますが，年金額の算定の基礎には含めない，いわゆる「カラ期間」のことをいいます。第2号被保険者のうち20歳前と60歳以後の期間や国民年金に任意加入できる期間のうち任意加入しなかった20歳以上60歳未満の期間（一定の条件あり）があります。

≪ポイント≫受給資格期間の短縮

　老齢基礎年金などの受給資格期間は，平成29年8月1日に「25年以上」から「10年以上」に短縮されました。今までは最低でも25年必要でしたが，10年に短縮されましたので，老齢基礎年金などを受け取ることができなかった人も受け取れる可能性があります。

　また，年金加入期間が10年未満の人もあきらめず，次のポイントを確認することで受給資格期間を満たす可能性があります。

① 年金加入記録に漏れがあるか確認する。
② 60歳から65歳まで任意加入する（昭和40年4月1日以前生まれの人は70歳まで）。
③ 合算対象期間（昭和61年3月以前に，会社員の配偶者だった期間，平成3年3月以前に，学生だった期間など）があるか確認する。

⑵ **老齢基礎年金の支給額**

　満額で，777,800円／年です（20歳から60歳まで40年間全額納付した場合）（令和4年度価額）。

老齢基礎年金の計算例

　昭和31年6月生まれの人が，30年間保険料を納付した場合

　777,800円×（30年×12月／480）＝583,350円（年額）

(3)　老齢基礎年金の繰上げ

　老齢基礎年金の受給資格期間を満たしている60歳以上65歳未満の人は，希望すれば繰り上げて受給することができます。

繰上げ支給開始年齢	支給率
60歳	70%（76%）
61歳	76%（80.8%）
62歳	82%（85.6%）
63歳	88%（90.4%）
64歳	94%（95.2%）

（　）は，令和4年4月からの支給率

　60歳で繰上げ請求した場合（777,800円満額の場合）は，777,800円×0.7＝544,460円（年額）になります。

　繰上げ支給の場合には，次の点などに注意が必要です。

① 　繰上げ支給の請求をした時点（月単位）に応じて年金が減額され，一生減額された金額が支給されます。

② 　繰上げ請求後は国民年金の任意加入をすることができず，保険料を追納することもできません。

③ 　被保険者にならない限り，新たな障害による障害基礎年金が受給できません。

④ 　請求後は，繰上げ請求を取り消したり，変更はできません。

⑤ 　65歳になるまで遺族厚生年金・遺族共済年金を併給できません。

(4) 老齢基礎年金の繰下げ

老齢基礎年金の受給権者で66歳に達する前にその請求をしていなかった人は，支給繰下げの申出をすることができます。

繰下げ支給開始年齢	支給率
66歳	108.4%
67歳	116.8%
68歳	125.2%
69歳	133.6%
70歳	142%

※令和4年4月からは，最大75歳まで繰下げが可能になります。75歳で184％の支給率となります。

70歳で繰下げ請求した場合（777,800円満額の場合(注)）は，777,800円×1.42＝1,104,476円（年額）となります。支給率（増額率）は，月単位で1か月につき，0.7％の割合で増額します。

(注) 令和4年度の老齢基礎年金の満額の金額を一例として示している。令和5年度は改定予定である。

繰下げ支給の場合には，次の点などに注意が必要です。

① 65歳に達した日から66歳に達した日までの間に，遺族基礎年金，障害基礎年金（老齢厚生年金の繰下げについては，障害基礎年金を除きます）など老齢年金給付以外の受給権者になったときは，繰下げの申出はできません。

② 66歳に達した日より後に他の年金を受ける権利ができたときは，その年金を受ける権利ができた時点で増額率が固定されます。

特別支給の老齢厚生年金

(1) 支給要件

特別支給の老齢厚生年金とは，60歳から65歳になるまで支給される年金

です。老齢厚生年金は，昭和61年の法改正で，老齢基礎年金の支給開始年齢（65歳支給）と同じ年齢から支給することになりましたが，旧厚生年金保険法（60歳支給）との調整で徐々に支給開始年齢を65歳に引き上げていくことになりました。

　特別支給の老齢厚生年金は，老齢基礎年金の受給資格期間を満たしていて，かつ厚生年金の被保険者期間が１年以上ある場合に支給されます。

(2)　支給開始年齢の引上げ

　特別支給の老齢厚生年金は，「定額部分」と「報酬比例部分」があり，「定額部分」は，平成13年４月から平成25年３月にかけて，「報酬比例部分」は，平成25年４月から令和７年３月にかけて，支給開始年齢が段階的に引き上げられることになりました。報酬比例部分の支給開始年齢引き上げスケジュールは，次の図表のとおりです。

≪報酬比例部分の老齢厚生年金の支給開始年齢引上げスケジュール≫

男性：生年月日	報酬比例部分の支給開始年齢	女性：生年月日
昭和24年４月２日～昭和28年４月１日	60歳	昭和29年４月２日～昭和33年４月１日
昭和28年４月２日～昭和30年４月１日	61歳	昭和33年４月２日～昭和35年４月１日
昭和30年４月２日～昭和32年４月１日	62歳	昭和35年４月２日～昭和37年４月１日
昭和32年４月２日～昭和34年４月１日	63歳	昭和37年４月２日～昭和39年４月１日
昭和34年４月２日～昭和36年４月１日	64歳	昭和39年４月２日～昭和41年４月１日
昭和36年４月２日以後	65歳	昭和41年４月２日以後

(3)　特別支給の老齢厚生年金の支給額

　①定額部分＋②報酬比例部分＋③加給年金額となります。

①　定額部分

| 1,621円（令和4年度価額） | × | 生年月日に応じた支給率 | × | 被保険者期間の月数 |

②　報酬比例部分

$$\left[\begin{matrix}平均標準\\報酬月額\end{matrix}\times 7,125／1,000\times\begin{matrix}平成15年3月までの\\被保険者期間の月数\end{matrix}\right]+\left[\begin{matrix}平均標準\\報酬額\end{matrix}\times 5,481／1,000\times\begin{matrix}平成15年4月以後の\\被保険者期間の月数\end{matrix}\right]$$

平均標準報酬月額：総報酬制導入前（平成15年3月以前）の被保険者期間の標準報酬月額の総額をその期間の総月数で割ったものです。ボーナスを含めて計算しません。

平均標準報酬額：総報酬制導入後（平成15年4月以降）の被保険者期間の標準報酬月額と標準賞与額（ボーナス）の総額を，平成15年4月以降の被保険者期間で割ったものです。ボーナスを含めて計算します。

　計算式の【7.125／1000】，【5.481／1,000】は，生年月日に応じた経過的な給付乗率が設定されています（昭和21年4月1日以前生まれの人）。

③　加給年金額（令和4年度価額）

　厚生年金保険の被保険者期間が20年以上ある人が，65歳到達時点（または定額部分受給開始年齢に到達した時点）で，その人に生計を維持されている次の図表に定める配偶者または子がいるときに加算されます。

　加給年金額加算のためには，届出が必要となります。

配偶者	223,800円	65歳未満
子1人	223,800円	18歳到達年度の末日（3月31日）までの間の子 または1級・2級の障害の状態にある20歳未満の子
子2人	223,800円×2＝447,600円	
子3人以上	（223,800円×2＝447,600円）＋3人目以降1人につき74,600円加算	

老齢厚生年金

(1)　支給要件

　老齢厚生年金は，厚生年金保険の被保険者期間を有し，老齢基礎年金の受給要件を満たしている人が65歳から受け取れる年金です。被保険者期間は，1か月以上あれば支給されます。

(2)　老齢厚生年金の支給額

　①報酬比例部分＋②加給年金額＋③経過的加算額となります。

　①および②については，「特別支給の老齢厚生年金」の計算式と同様です。

　③の経過的加算額とは，「特別支給の老齢厚生年金」の定額部分と老齢基礎年金との差額のことです。

≪ポイント≫老齢厚生年金の繰上げと繰下げ
　老齢厚生年金も老齢基礎年金同様，繰上げ（報酬比例部分）と繰下げ受給が可能です。詳細は，日本年金機構のホームページなどで確認します。

14　在職老齢年金

　在職老齢年金とは，働きながら支給される老齢厚生年金のことです。

　在職老齢年金は，賃金（総報酬月額相当額）と年金額（基本月額）に応じて，減額される仕組みになっています。在職中であっても，賃金と年金の月額合計額が47万円に達するまでは，全額年金が支給されます。

　老齢厚生年金は，会社（法人等）に勤めている限りは，70歳までは厚生年金に加入（要件を満たしている場合）する必要があり，年金額が調整さ

れます。

(1)　在職老齢年金の計算方法

【65歳未満の在職老齢年金（令和 4 年 4 月以降）】

基本月額と総報酬月額相当額	支給停止額
基本月額と総報酬月額相当額の合計が47万円以下	全額支給
基本月額と総報酬月額相当額との合計が47万円を超える場合	基本月額－（基本月額＋総報酬月額相当額－47万円）÷ 2

※令和 4 年 4 月からは，基本月額と総報酬月額相当額の合計が47万円以下の場合は，全額支給されます。
　○基本月額＝老齢厚生年金額（加給年金を除く）÷12
　○総報酬月額相当額＝（その月の標準報酬月額＋その月以前 1 年間の標準賞与額の総額）÷12

　簡単に説明すると，ここでいう基本月額は年金（月額）のことであり，総報酬月額相当額は，月収（ボーナス込みの年収を12で割った額）のことをいいます。

　年金月額と月収の合計額が47万円を超えると，年金は減額されていきます。

【65歳未満の在職老齢年金（令和 4 年 3 月以前）】

基本月額と総報酬月額相当額		支給停止額
基本月額と総報酬月額相当額の合計が28万円以下		全額支給
総報酬月額相当額が47万円以下	基本月額が28万円以下	（総報酬月額相当額＋基本月額－28万円）÷ 2
	基本月額が28万円超	総報酬月額相当額÷ 2
総報酬月額相当額が47万円超	基本月額が28万円以下	（47万円＋基本月額－28万円）÷ 2 ＋（総報酬月額相当額－47万円）
	基本月額が28万円超	（47万円÷ 2 ）＋（総報酬月額相当額－47万円）

例：年金月額が10万円で月収が20万円の場合，表に当てはめて計算すると
　（20万円＋10万円－28万円）÷ 2 ＝ 1 万円が支給停止になります。
　したがって，在職老齢年金は 9 万円受け取れる計算になります。

　在職老齢年金を受けている人が，高年齢雇用継続給付を受けられるとき
は，在職老齢年金の一部が支給停止されます。

【65歳以後の在職老齢年金】

基本月額と総報酬月額相当額	支給停止額
基本月額と総報酬月額相当額の合計が47万円以下	全額支給
基本月額と総報酬月額相当額との合計が47万円を超える場合	基本月額－（基本月額＋総報酬月額相当額－47万円）÷2

15　障害年金（障害基礎年金・障害厚生年金）

　障害年金は，病気や傷病により障害が残り，生活や労働などが制限され
たときに支給されます。障害年金には，「障害基礎年金」と「障害厚生年
金」があり，原則として老齢年金と同様に2階建てで支給されます。
　障害基礎年金は，障害等級1級・2級の年金となり，障害厚生年金は1
級・2級・3級および一時金である障害手当金の年金となります。
　障害年金の対象となる病気や傷病は，手足の障害などの外部障害のほか，
がん，糖尿病，精神障害などの内部障害も対象になります。

障害基礎年金

(1)　**支給要件**
　障害基礎年金は，次の3つの要件を満たしたときに支給されます。

① **障害認定日要件**
　障害認定日において，障害等級の1級または2級に該当すること。
　障害認定日とは，初診日（初めて医師または歯科医師の診療を受けた

162

日）から起算して１年６か月を経過した日，またはその期間内にその傷病が治った場合には，その治った日のことです。

② 被保険者要件

初診日において，

a．被保険者であること

b．被保険者であった者であって，日本国内に住所を有し，かつ，60歳以上65歳未満であること

③ 保険料納付要件

原則：初診日の前日において，初診日の属する月の前々月までに被保険者期間があるときは，その被保険者期間に係る保険料納付済期間と保険料免除期間を合算した期間が３分の２以上あること

特例：初診日が令和８年４月１日前にある場合には，初診日の属する月の前々月までの１年間に保険料の滞納がない場合には，保険料納付要件を満たしたものとみなされます。ただし，初診日において65歳以上の人には適用しません。

≪障害等級表（１級，２級)≫

障害の程度		障害の状態
１級	1	両眼の視力がそれぞれ0.03以下のもの，一眼の視力が0.04・他眼の視力が手動弁以下のもの　など（※）
	2	両耳の聴力レベルが100デシベル以上のもの
	3	両上肢の機能に著しい障害を有するもの
	4	両上肢のすべての指を欠くもの
	5	両上肢のすべての指の機能に著しい障害を有するもの
	6	両下肢の機能に著しい障害を有するもの
	7	両下肢を足関節以上で欠くもの
	8	体幹の機能に座っていることができない程度又は立ち上がることができない程度の障害を有するもの

	9	前各号に掲げるもののほか，身体の機能の障害又は長期にわたる安静を必要とする病状が前各号と同程度以上と認められる状態であって，日常生活の用を弁ずることを不能ならしめる程度のもの
1級	10	精神の障害であって，前各号と同程度以上と認められる程度のもの
	11	身体の機能の障害若しくは病状又は精神の障害が重複する場合であって，その状態が前各号と同程度以上と認められる程度のもの
	1	両眼の視力がそれぞれ0.07以下のもの，一眼の視力が0.08・他眼の視力が手動弁以下のもの　など（※）
	2	両耳の聴力レベルが90デシベル以上のもの
	3	平衡機能に著しい障害を有するもの
	4	そしゃくの機能を欠くもの
	5	音声又は言語機能に著しい障害を有するもの
	6	両上肢のおや指及びひとさし指又は中指を欠くもの
	7	両上肢のおや指及びひとさし指又は中指の機能に著しい障害を有するもの
2級	8	一上肢の機能に著しい障害を有するもの
	9	一上肢のすべての指を欠くもの
	10	一上肢のすべての指の機能に著しい障害を有するもの
	11	両下肢すべての指を欠くもの
	12	一下肢の機能に著しい障害を有するもの
	13	一下肢を足関節以上で欠くもの
	14	体幹の機能に歩くことができない程度の障害を有するもの
	15	前各号に掲げるもののほか，身体の機能の障害又は長期にわたる安静を必要とする病状が前各号と同程度以上と認められる状態であって，日常生活が著しい制限を受けるか，又は日常生活に著しい制限を加えることを必要とする程度のもの
	16	精神の障害であって，前各号と同程度以上と認められる程度のもの
	17	身体の機能の障害若しくは病状又は精神の障害が重複する場合であって，その状態が前各号と同程度以上と認められる程度のもの

（出所）　障害認定基準（日本年金機構）を基に作成
※令和4年1月から認定基準が一部改正。詳細は日本年金機構HPをご参照ください。

(2)　障害基礎年金の支給額

障害基礎年金は，定額で次の図表に定める金額です（令和4年度価額）。

障害の程度	支給額
1級	972,250円（年額）＋子の加算額
2級	777,800円（年額）＋子の加算額

18歳到達年度の末日（３月31日）を経過していない子，20歳未満で障害等級１級または２級の子がいる場合は，次の額が加算されます。

子1人	223,800円
子2人	223,800円×２＝447,600円
子3人	（223,800円×２＝447,600円）＋３人目以降１人につき74,600円加算

(3)　障害認定などの特例

①　事後重症による障害基礎年金

障害等級１級または２級に該当しなかった人が，障害認定日後，65歳に達する日の前日までの間に症状が重くなり，障害等級１級または２級に該当した場合に，障害基礎年金を請求することができます。

②　基準障害による障害基礎年金

個々の障害は障害等級に該当しなくても，65歳に達する日の前日までの間に，２つの障害をあわせて２級以上の障害の状態となったときに，障害基礎年金が支給されます。

③　20歳前の障害に基づく障害基礎年金

20歳未満の場合（第２号被保険者である場合を除きます），国民年金の被保険者になることはできません。初診日において，20歳未満であった人の障害についても20歳以後に障害基礎年金が支給されます。

障害厚生年金

(1)　支給要件

障害厚生年金は，次の３つの要件を満たしたときに支給されます。

①　障害認定日要件

障害認定日において，障害等級の1級，2級，3級のいずれかに該当すること。

②　被保険者要件

初診日において，厚生年金保険の被保険者であること。

③　保険料納付要件

原則：初診日の前日において，初診日の属する月の前々月までに被保険者期間があるときは，その被保険者期間に係る保険料納付済期間と保険料免除期間を合算した期間が3分の2以上あること

特例：初診日が令和8年4月1日前にある場合には，初診日の属する月の前々月までの1年間に保険料の滞納がない場合には，保険料納付要件を満たしたものとみなされます。ただし，初診日において65歳以上の人には適用しません。

≪障害等級表（3級）≫

障害等級1級および2級は，障害基礎年金と同様です。

障害の程度		障害の状態
3 級	1	両眼の視力がそれぞれ0.1以下に減じたもの（※）
	2	両耳の聴力が40センチメートル以上では通常の話声を解することができない程度に減じたもの
	3	そしゃく又は言語の機能に相当程度の障害を残すもの
	4	脊柱の機能に著しい障害を残すもの
	5	一上肢の三大関節のうち，二関節の用を廃したもの
	6	一下肢の三大関節のうち，二関節の用を廃したもの
	7	長管状骨に偽関節を残し，運動機能に著しい障害を残すもの
	8	一上肢のおや指及びひとさし指を失ったもの又はおや指若しくはひとさし指を併せ一上肢の三指以上を失ったもの
	9	おや指及びひとさし指を併せ一上肢の四指の用を廃したもの

166

	10	一下肢をリスフラン関節以上で失ったもの
	11	両下肢の十趾の用を廃したもの
3	12	前各号に掲げるもののほか，身体の機能に，労働が著しい制限を受けるか，又は労働に著しい制限を加えることを必要とする程度の障害を残すもの
	13	精神又は神経系統に，労働が著しい制限を受けるか，又は労働に著しい制限を加えることを必要とする程度の障害を残すもの
級	14	傷病が治らないで，身体の機能又は精神若しくは神経系統に，労働が制限を受けるか，又は労働に制限を加えることを必要とする程度の障害を有するものであって，厚生労働大臣が定めるもの

(出所)　障害認定基準（日本年金機構）を基に作成
※令和4年1月から認定基準が一部改正。詳細は日本年金機構HPをご参照ください。

(2)　障害厚生年金の支給額

　障害厚生年金の計算は，報酬比例の老齢厚生年金の計算と同様です。

　障害等級（1〜3級）の障害の程度により支給率が異なります。

$$\left[\begin{array}{l}\text{平均標準}\\\text{報酬月額}\end{array}\times 7,125/1,000\times\begin{array}{l}\text{平成15年3月までの}\\\text{被保険者期間の月数}\end{array}\right]+\left[\begin{array}{l}\text{平均標準}\\\text{報酬額}\end{array}\times 5,481/1,000\times\begin{array}{l}\text{平成15年4月以後の}\\\text{被保険者期間の月数}\end{array}\right]$$

障害の程度	支給額
1級	報酬比例の老齢厚生年金額×1.25＋加給年金額
2級	報酬比例の老齢厚生年金額＋加給年金額
3級	報酬比例の老齢厚生年金額（最低保障585,700円）

　受給権者によって生計を維持されている65歳未満の配偶者がいるときは，加給年金額223,800円が加算されます。

障害手当年金

(1)　支給要件

　障害手当金は，3級の障害等級よりやや軽い障害に該当するとき，次の要件を満たした場合に，一時金として支給されます。

①　傷病要件

- 初診日から起算して 5 年を経過する日までの間に傷病が治ったこと
- 傷病が治った日において，障害手当金の障害等級表に定める程度の障害の状態にあること

②　被保険者要件

初診日において，厚生年金保険の被保険者であること。

③　保険料納付要件

原則：初診日の前日において，初診日の属する月の前々月までに被保険者期間があるときは，その被保険者期間に係る保険料納付済期間と保険料免除期間を合算した期間が 3 分の 2 以上あること

特例：初診日が令和 8 年 4 月 1 日前にある場合には，初診日の属する月の前々月までの 1 年間に保険料の滞納がない場合には，保険料納付要件を満たしたものとみなされます。ただし，初診日において65歳以上の人には適用しません。

≪障害等級表（障害手当金）≫

障害の程度		障害の状態
障害手当金	1	両眼の視力がそれぞれ0.6以下に減じたもの（※）
	2	一眼の視力が0.1以下に減じたもの
	3	両眼のまぶたに著しい欠損を残すもの
	4	両眼による視野が二分の一以上欠損したもの又は両眼の視野が10度以内のもの
	5	両眼の調節機能及び輻輳機能に著しい障害を残すもの
	6	一耳の聴力が，耳殻に接しなければ大声による話を解することができない程度に減じたもの
	7	そしゃく又は言語の機能に障害を残すもの
	8	鼻を欠損し，その機能に著しい障害を残すもの
	9	脊柱の機能に障害を残すもの
	10	一上肢の三大関節のうち，一関節に著しい機能障害を残すもの
	11	一下肢の三大関節のうち，一関節に著しい機能障害を残すもの

障害手当金	12	一下肢を3センチメートル以上短縮したもの
	13	長管状骨に著しい転位変形を残すもの
	14	一上肢の二指以上を失ったもの
	15	一上肢のひとさし指を失ったもの
	16	一上肢の三指以上の用を廃したもの
	17	ひとさし指を併せ一上肢の二指の用を廃したもの
	18	一上肢のおや指の用を廃したもの
	19	一下肢の第一趾又は他の四趾以上を失ったもの
	20	一下肢の五趾の用を廃したもの
	21	前各号に掲げるもののほか，身体の機能に，労働が制限を受けるか，又は労働に制限を加えることを必要とする程度の障害を残すもの
	22	精神又は神経系統に，労働が制限を受けるか，又は労働に制限を加えることを必要とする程度の障害を残すもの

（出所）障害認定基準（日本年金機構）を基に作成
※令和4年1月から認定基準が一部改正。詳細は日本年金機構HPをご参照ください。

(2) 障害手当金の支給額

報酬比例の老齢厚生年金額×200／100

障害手当金の額が，1,166,800円に満たない場合は，1,166,800円が支給されます（令和4年度価額）。

■失権するとき

障害年金は，死亡したときや障害等級1〜3級に該当する程度の障害の状態にない人が65歳に達したときなどに失権（権利の消滅）します。

○請求手続き

年金事務所などに，添付書類を添えて，次の書類を提出します。

提出先	お近くの年金事務所，街角の年金相談センター
必要書類	年金請求書（国民年金・厚生年金保険障害給付）など
添付書類など	① 年金手帳

	② 医師の診断書，レントゲンフィルム，心電図のコピー ③ 戸籍謄本，戸籍抄本，住民票など ④ 受診状況等証明書 ⑤ 病歴・就労状況等申立書 など マイナンバーを年金請求書に記載することにより，戸籍謄本などの添付書類が不要になる場合があります。
提出をする人	本人
期日	受給要件を満たしたとき（時効は5年間です）

16　遺族年金（遺族基礎年金・遺族厚生年金）

　遺族年金は，国民年金または厚生年金保険の被保険者または被保険者であった人が，死亡したときに，その人によって生計を維持されていた遺族に支給される年金です。

　遺族年金には，「遺族基礎年金」と「遺族厚生年金」があり，死亡した人の保険料の納付状況などによって，いずれかまたは両方の年金が支給されます。

遺族基礎年金

(1)　支給要件

　遺族基礎年金は，被保険者または被保険者であった人が，次のいずれかに該当する場合に，その人に生計を維持されていた遺族（配偶者または子）に支給されます。

① 国民年金の被保険者が死亡したとき
② 国民年金の被保険者であった60歳以上65歳未満の人で，日本国内に住所を有する人が死亡したとき
③ 老齢基礎年金の受給権者であった人が死亡したとき（保険料納付済期

間，保険料免除期間および合算対象期間を合算した期間が25年以上である人に限ります）

④　老齢基礎年金の受給資格期間が25年以上ある人が死亡したとき。

　①または②の場合は，死亡した人について，死亡日の前日において保険料納付済期間と保険料免除期間の合計が被保険者期間の3分の2以上あることが必要です。

　ただし，特例により，令和8年4月1日前の場合は死亡日に65歳未満であれば，死亡日の前日において，死亡日の属する月の前々月までの1年間の保険料を納付しなければならない期間のうちに，保険料の滞納がなければ受給できます。

(2)　遺族の範囲

　被保険者または被保険者であった人の死亡の当時，その人によって生計を維持されていた「子のある配偶者」または「子」です。

子については，

①　18歳に達する日以後の最初の3月31日までの間にある子

②　20歳未満で障害年金の障害等級1級または2級の子

のいずれかに該当し，婚姻していないことが必要です。

(3)　遺族基礎年金の支給額

　777,800円（令和4年4月時点）が定額で支給されます。子の加算額は，1人目，2人目は223,800円で，3人目以降は74,600円が加算されます。

①　配偶者がいる場合

子1人	777,800円＋223,800円＝1,001,600円
子2人	777,800円＋（223,800円×2）＝1,225,400円
子3人	777,800円＋（223,800円×2）＋74,600円＝1,300,000円

　配偶者が受給権を有する間は，子の遺族基礎年金は支給停止になり，配偶者に年金が支払われます。

②　子のみの場合

子1人	777,800円
子2人	777,800円＋223,800円＝1,001,600円
子3人	777,800円＋223,800円＋74,600円＝1,076,200円

　子が2人以上いる場合は，上記総額を子の人数で割って，それぞれの子に均等に支給されます。

(4)　失権するとき

　遺族基礎年金は，配偶者や子が死亡したときや婚姻したときなど，子が「18歳に達した日以後の最初の3月31日が終了したとき」などに失権（権利の消滅）します。

遺族厚生年金

(1)　支給要件

　遺族厚生年金は，被保険者または被保険者であった人が，次のいずれかに該当する場合に，一定の要件を満たす遺族に支給されます。

① 　厚生年金の被保険者が死亡したとき

② 　厚生年金保険の被保険者であった間に初診日のある傷病により，その初診日から5年以内に死亡したとき

③ 　障害厚生年金1級または2級の受給権者が死亡したとき

④ 　老齢厚生年金の受給権者が死亡したとき（保険料納付済期間，保険料免除期間および合算対象期間を合算した期間が25年以上である人に限ります）

172

⑤　保険料納付済期間と保険料免除期間を合算した期間が25年以上である
　人が死亡したとき

　①または②の場合は，死亡した人について，死亡日の前日において保険
料納付済期間と保険料免除期間の合計が被保険者期間の３分の２以上ある
ことが必要です。

　ただし，特例により，令和８年４月１日前の場合は死亡日に65歳未満で
あれば，死亡日の前日において，死亡日の属する月の前々月までの１年間
の保険料を納付しなければならない期間のうちに，保険料の滞納がなけれ
ば受給できます。

　①〜③を短期要件，④と⑤を長期要件といい，年金額の計算方法が異な
ります。

(2)　遺族の範囲

　被保険者または被保険者であった人の死亡の当時，その人によって生計
を維持されていた配偶者，子，父母，孫，祖父母です。

＜優先順位＞

第１順位	配偶者，子（妻，夫，子の順番） 妻：年齢要件なし 子：18歳に達する日以後の最初の３月31日までの間にあるか，または20歳未満の障害（障害等級１級もしくは２級）の状態にあり，婚姻をしていないこと 夫：55歳以上であること。支給は60歳からですが，遺族基礎年金の受給権を有するときは，60歳前でも支給されます。
第２順位	父母 55歳以上であること。支給は60歳からです。
第３順位	孫 18歳に達する日以後の最初の３月31日までの間にある孫。または20歳未満の障害（障害等級１級もしくは２級）の状態にあり，婚姻をしていないこと
第４順位	55歳以上（夫，父母，祖父母）であること。支給は60歳からです。

配偶者が受給権を有する間は，子の遺族厚生年金は支給停止になり，配偶者に年金が支払われます。

(3)　遺族厚生年金の支給額

遺族厚生年金の支給額は，老齢厚生年金の報酬比例部分の額×3／4です。{[平均標準報酬月額×7.125／1,000×平成15年3月までの被保険者期間の月数]＋[平均標準報酬月額×5.481／1,000×平成15年4月以後の被保険者期間の月数]}×3／4

①　短期要件の場合

被保険者期間の月数が300に満たないときは300とします。

給付乗率は，7.125／1,000又は5.481／1,000を使用し，生年月日による読替えは行いません。

②　長期要件の場合

被保険者期間の月数は，実期間で計算します。

給付乗率は，7.125／1,000〜9.5／1,000または5.481／1,000〜7.308／1,000を使用し，生年月日による読替えを行います。

短期要件にも長期要件にも該当する場合は，選択をしない限り，短期要件として計算されます。

遺族厚生年金の計算例

遺族：妻　子（2歳）
厚生年金保険の加入者である夫が先日亡くなった場合（短期要件）
　平均標準報酬月額：30万円
　被保険者期間：48カ月
≪遺族厚生年金の支給額≫
300,000円×5.481／1,000×300月×3／4＝369,968円

国民年金から遺族基礎年金と子の加算額も同時に支給されます。

(4) 失権するとき

　遺族厚生年金は，受給権者が死亡したときや婚姻したときなど，＜夫の死亡当時30歳未満で「子のない妻」が遺族厚生年金を受け取る権利を得てから5年を経過したとき＞など，＜子や孫が，18歳に達した日以後の最初の3月31日が終了したとき＞などに失権（権利の消滅）します。

○請求手続き

　年金事務所などに，添付書類を添えて，次の書類を提出します。

提出先	お近くの年金事務所，街角の年金相談センター
必要書類	年金請求書（国民年金・厚生年金保険遺族給付） 年金請求書（国民年金・厚生年金保険遺族給付）（別紙） ※別紙は，遺族給付を受けることができる人が2人以上のときに使用 など
添付書類など	①　年金手帳 ②　戸籍謄本 ③　死亡診断書 ④　世帯全員の住民票の写し ⑤　死亡者の住民票除票 ⑥　請求者の収入が証明できる書類（所得証明書，課税（非課税）証明書，源泉徴収票など） ⑦　障害者が請求するときは診断書とレントゲンフィルム ⑧　その他証明書類　など マイナンバーを年金請求書に記載することにより，生年月日に関する添付書類が不要になる場合があります。
提出をする人	遺族（配偶者，子，父母，孫，祖父母）
期日	死亡したとき（受給要件を満たしたとき）

■**中高齢寡婦加算**

遺族厚生年金の受給権者である妻が，40歳から65歳になるまでの間に，次のいずれかに該当した場合，583,400円（令和4年度価額）が加算されます。

①　夫が死亡したときに，生計を同じくする子がおらず，妻が40歳以上65歳未満の場合

②　遺族基礎年金と遺族厚生年金を受け取っていた「子のある妻」（40歳に達した当時，子がいるため遺族基礎年金を受け取っていた妻に限る）が，子が18歳になった年度の3月31日に達した（障害の状態にある場合は20歳に達した）ため，遺族基礎年金を受け取ることができなくなった場合

※妻が遺族基礎年金を受け取ることができるときは，中高齢寡婦加算額は支給停止になります。

※長期要件により支給される遺族厚生年金の場合，死亡した夫の厚生年金被保険者期間が20年以上なければ，中高齢寡婦加算額は支給されません。

17　年金生活者支援給付金

年金生活者支援給付金は，消費税率引上げ分を活用し，公的年金等の収入や所得額が一定額以下の年金受給者の生活を支援するために，年金に上乗せして支給される給付金です。支給要件を確認し，年金の請求時などに忘れずに請求しましょう（給付金額は，令和4年10月時点の金額）。

老齢年金生活者支援給付金

(1)　**支給要件**

次の支給要件をすべて満たしている方が対象となります。

① 65歳以上の老齢基礎年金の受給者

② 同一世帯の全員が市町村民税非課税の場合

③ 前年の公的年金等の収入金額とその他の所得との合計額が881,200円
以下の場合

※障害年金・遺族年金等の非課税収入は含まれません。

※781,200円を超え881,200円以下である方には，補足的老齢年金生活者支援給付金
が支給されます。

(2) 給付額

月額5,020円を基準に，保険料納付済期間などに応じて算出され，次の
①と②の合計額となります。

① 保険料納付済期間に基づく額（月額）＝5,020円×保険料納付済期間
／被保険者月数480月

② 保険料免除期間に基づく額（月額）＝10,802円×保険料免除期間／被
保険者月数480月

障害年金生活者支援給付金

(1) 支給要件

次の支給要件をすべて満たしている方が対象となります。

① 障害基礎年金の受給者

② 前年の所得が4,721,000円以下の場合

※障害年金等の非課税収入は，年金生活者支援給付金の判定に用いる所得には含ま
れません。

※②の4,721,000円は，扶養親族等の数に応じて増額します。

(2) 給付額

障害等級1級：6,275円（月額）

障害等級2級：5,020円（月額）

遺族年金生活者支援給付金

(1) 支給要件

次の支給要件をすべて満たしている方が対象となります。

① 遺族基礎年金の受給者

② 前年の所得が4,721,000円以下の場合

※遺族年金等の非課税収入は，年金生活者支援給付金の判定に用いる所得には含まれません。

※②の4,721,000円は，扶養親族等の数に応じて増額します。

(2) 給付額

5,020円（月額）

ただし，2人以上の子が遺族基礎年金を受給している場合は，5,030円を子の数で割った金額がそれぞれに支払われます。

◯ コラム ◯

届出書類の押印廃止

　令和2年12月25日に押印見直しに関する省令および告示が公布，施行されたことにより，労働保険および社会保険の手続き書類は一部を除き押印廃止になりました。引き続き，押印欄のある旧様式も使用できますが，押印は特に必要ありません。

① 健康保険

　協会けんぽに提出する各種申請書への押印は，一部を除き不要となりました。健康保険組合においても，徐々に押印廃止の流れとなっています。押印廃止の開始時期などは，各健康保険組合の判断によります。

　出産手当金や傷病手当金などの申請書は，医師・歯科医師などの押印も不要です。

　口座振替申出書における「金融機関登録印」については，引き続き押印が必要です。

② 厚生年金保険

　年金事務所や事務センターへ提出する手続きの申請・届出様式の押印は，原則廃止されています。金融機関への届印，実印による手続きが必要なものなどについては，引き続き押印が必要となります。

③ 雇用保険

　雇用保険関係の申請・届出様式への押印が，一部（雇用保険適用事業所設置届（裏面），雇用保険事業主事業所各種変更届（裏面），高年齢雇用継続給付支給申請書（事業主申請の場合は押印不要）など）の書類を除き原則廃止となりました。

④ 労災保険

　労災保険の請求書などについては，すべての手続において押印などを求めないこととされています。ただし，記名などについては，記載方法を問わず引き続き必要となり，記載がない場合は，返戻されます。

第6章　給与計算の雇用保険・社会保険の注意点

　給与（賃金）計算を行うときには，雇用保険料・社会保険料を徴収します。実務上の注意点を解説していきます。

1 給与計算時の健康保険料（介護保険料）の徴収

　健康保険料（介護保険料）の徴収は，以下(1)〜(3)の手順に沿って進めていきます。

(1) 従業員（被保険者）の報酬月額を確認する

　社会保険では，月々の報酬（給与）を報酬月額としています。この報酬月額をもとに標準報酬月額を決定していきます。標準報酬月額は，報酬月額をある一定の幅に区分して社会保険料の等級を決定するために用います。

　健康保険の等級は，1等級（58,000円）から50等級（1,390,000円）まであります。

　社会保険の報酬に該当するかどうかは，次の図表をご参照ください。

≪社会保険の報酬となるもの・ならないもの≫

	報酬となるもの	報酬とならないもの
通貨で支給されるもの	基本給（月給，日給，時給など），家族手当，住宅手当，通勤手当，食事手当，役付手当，職階手当，早出手当，残業手当，皆勤手当，能率手当，生産手当，休業手当，育児休業手当，介護休業手当，各種技術手当，宿日直手当，勤務地手当，賞与等（年4回以上支給のもの）	解雇予告手当，退職手当など 結婚祝金，災害見舞金，病気見舞金など（恩恵的に交付されるもの） 年金，恩給，健康保険の傷病手当金，労災保険の休業補償給付など 家賃，地代，預金利子，株主配当金など 大入袋など　出張旅費など 賞与等（年3回以下支給のもの）
現物で支給されるもの	食事，食券など 社宅，独身寮など 通勤定期券，回数券 給与としての自社製品など	食事（本人からの徴収金額が，標準価額より算定した額の2/3以上の場合） 住宅（本人からの徴収金額が，標準価額により算定した額以上の場合） 被服（事務服，作業服等の勤務服など）

(2)　保険料額表にあてはめて，標準報酬月額，社会保険料を算出する

　健康保険料と介護保険料は，次頁の図表（東京都の場合）に示す標準報酬月額に保険料率を掛けて求めます。

　健康保険（介護保険）は，全国健康保険協会（協会けんぽ）管掌健康保険と健康保険組合が管理する組合管掌健康保険があり，保険料率は，それぞれ異なります。協会けんぽは，都道府県ごとに保険料率を定め，健康保険組合は，組合ごとに保険料率を定めています。介護保険料は，健康保険の被保険者のうち，40歳以上64歳以下の被保険者について控除します。

令和5年3月分（4月納付分）からの健康保険・厚生年金保険の保険料額表

・健康保険料率:令和5年3月分〜　適用　　・厚生年金保険料率:平成29年9月分〜　適用
・介護保険料率:令和5年3月分〜　適用　　・子ども・子育て拠出金率:令和2年4月分〜　適用

（東京都）　　　　　　　　　　　　　　　　　　　　　　　　　　　　　　　　　　　　　（単位:円）

標準報酬 等級	標準報酬 月額	報酬月額 円以上	報酬月額 円未満	全国健康保険協会管掌健康保険料 介護保険第2号被保険者に該当しない場合 10.00% 全額	折半額	介護保険第2号被保険者に該当する場合 11.82% 全額	折半額	厚生年金保険料（厚生年金基金加入員を除く） 一般、坑内員・船員 18.300% 全額	折半額
1	58,000		~ 63,000	5,800.0	2,900.0	6,855.6	3,427.8		
2	68,000	63,000 ~	73,000	6,800.0	3,400.0	8,037.6	4,018.8		
3	78,000	73,000 ~	83,000	7,800.0	3,900.0	9,219.6	4,609.8		
4(1)	88,000	83,000 ~	93,000	8,800.0	4,400.0	10,401.6	5,200.8	16,104.00	8,052.00
5(2)	98,000	93,000 ~	101,000	9,800.0	4,900.0	11,583.6	5,791.8	17,934.00	8,967.00
6(3)	104,000	101,000 ~	107,000	10,400.0	5,200.0	12,292.8	6,146.4	19,032.00	9,516.00
7(4)	110,000	107,000 ~	114,000	11,000.0	5,500.0	13,002.0	6,501.0	20,130.00	10,065.00
8(5)	118,000	114,000 ~	122,000	11,800.0	5,900.0	13,947.6	6,973.8	21,594.00	10,797.00
9(6)	126,000	122,000 ~	130,000	12,600.0	6,300.0	14,893.2	7,446.6	23,058.00	11,529.00
10(7)	134,000	130,000 ~	138,000	13,400.0	6,700.0	15,838.8	7,919.4	24,522.00	12,261.00
11(8)	142,000	138,000 ~	146,000	14,200.0	7,100.0	16,784.4	8,392.2	25,986.00	12,993.00
12(9)	150,000	146,000 ~	155,000	15,000.0	7,500.0	17,730.0	8,865.0	27,450.00	13,725.00
13(10)	160,000	155,000 ~	165,000	16,000.0	8,000.0	18,912.0	9,456.0	29,280.00	14,640.00
14(11)	170,000	165,000 ~	175,000	17,000.0	8,500.0	20,094.0	10,047.0	31,110.00	15,555.00
15(12)	180,000	175,000 ~	185,000	18,000.0	9,000.0	21,276.0	10,638.0	32,940.00	16,470.00
16(13)	190,000	185,000 ~	195,000	19,000.0	9,500.0	22,458.0	11,229.0	34,770.00	17,385.00
17(14)	200,000	195,000 ~	210,000	20,000.0	10,000.0	23,640.0	11,820.0	36,600.00	18,300.00
18(15)	220,000	210,000 ~	230,000	22,000.0	11,000.0	26,004.0	13,002.0	40,260.00	20,130.00
19(16)	240,000	230,000 ~	250,000	24,000.0	12,000.0	28,368.0	14,184.0	43,920.00	21,960.00
20(17)	260,000	250,000 ~	270,000	26,000.0	13,000.0	30,732.0	15,366.0	47,580.00	23,790.00
21(18)	280,000	270,000 ~	290,000	28,000.0	14,000.0	33,096.0	16,548.0	51,240.00	25,620.00
22(19)	300,000	290,000 ~	310,000	30,000.0	15,000.0	35,460.0	17,730.0	54,900.00	27,450.00
23(20)	320,000	310,000 ~	330,000	32,000.0	16,000.0	37,824.0	18,912.0	58,560.00	29,280.00

（出所）　全国健康保険協会

≪ポイント≫報酬月額が30万円の被保険者（介護保険該当）の場合
　標準報酬月額表の標準報酬等級は22等級に該当し，標準報酬月額は300,000円となります。従いまして，健康保険料（介護保険料含みます）は，17,730円となります（令和5年3月分からの東京都の保険料率の場合です）。

(3)　前月分の健康保険料（介護保険料）を当月分の給与から控除する

　入社時は，被保険者資格を取得した月（入社月）から健康保険料（介護保険料）が発生しますが，当月分の健康保険料（介護保険料）の控除は，翌月の給与支払い時に行います。

　入社日が4月1日で，給与支払日が毎月20日の場合，4月分の健康保険料（介護保険料）は5月20日の給与から控除することになります。

退職時は，資格喪失日は退職日の翌日となり，資格喪失日の属する月の健康保険料（介護保険料）は徴収されません。10月25日に退職した場合は，10月26日が資格喪失日となり，10月は資格喪失月となるため，10月分の健康保険料（介護保険料）は徴収されません。9月分の保険料まで徴収されます。

2 給与計算時の厚生年金保険料の徴収

厚生年金保険料の徴収は，健康保険料と同様に，以下(1)〜(3)の手順に沿って進めていきます。

(1) 従業員（被保険者）の報酬月額を確認する

社会保険では，月々の報酬（給与）を報酬月額としています。この報酬月額をもとに標準報酬月額を決定していきます。標準報酬月額は，報酬月額をある一定の幅に区分して社会保険料の等級を決定するために用います。

厚生年金保険の等級は，1等級（88,000円）から32等級（650,000円）まであります。報酬に該当するかどうかは，健康保険の判断基準と同様です（P.180参照）。

(2) 保険料額表にあてはめて，標準報酬月額，社会保険料を算出する

厚生年金保険料は，図表に示す標準報酬月額に保険料率を掛けて求めます。

健康保険組合に加入している被保険者の人もこの表を基に計算します。

令和5年3月分（4月納付分）からの健康保険・厚生年金保険の保険料額表

・健康保険料率：令和5年3月分〜　適用　　　　・厚生年金保険料率：平成29年9月分〜　適用
・介護保険料率：令和5年3月分〜　適用　　　　・子ども・子育て拠出金率：令和2年4月分〜　適用

（東京都）　　　　　　　　　　　　　　　　　　　　　　　　　　　　　　　　　　　　　　（単位：円）

標準報酬		報酬月額		全国健康保険協会管掌健康保険料				厚生年金保険料（厚生年金基金加入員を除く）	
				介護保険第2号被保険者に該当しない場合		介護保険第2号被保険者に該当する場合		一般、坑内員・船員	
等級	月額			10.00%		11.82%		18.300%	
				全額	折半額	全額	折半額	全額	折半額
		円以上	円未満						
1	58,000	～	63,000	5,800.0	2,900.0	6,855.6	3,427.8		
2	68,000	63,000 ～	73,000	6,800.0	3,400.0	8,037.6	4,018.8		
3	78,000	73,000 ～	83,000	7,800.0	3,900.0	9,219.6	4,609.8		
4(1)	88,000	83,000 ～	93,000	8,800.0	4,400.0	10,401.6	5,200.8	16,104.00	8,052.00
5(2)	98,000	93,000 ～	101,000	9,800.0	4,900.0	11,583.6	5,791.8	17,934.00	8,967.00
6(3)	104,000	101,000 ～	107,000	10,400.0	5,200.0	12,292.8	6,146.4	19,032.00	9,516.00
7(4)	110,000	107,000 ～	114,000	11,000.0	5,500.0	13,002.0	6,501.0	20,130.00	10,065.00
8(5)	118,000	114,000 ～	122,000	11,800.0	5,900.0	13,947.6	6,973.8	21,594.00	10,797.00
9(6)	126,000	122,000 ～	130,000	12,600.0	6,300.0	14,893.2	7,446.6	23,058.00	11,529.00
10(7)	134,000	130,000 ～	138,000	13,400.0	6,700.0	15,838.8	7,919.4	24,522.00	12,261.00
11(8)	142,000	138,000 ～	146,000	14,200.0	7,100.0	16,784.4	8,392.2	25,986.00	12,993.00
12(9)	150,000	146,000 ～	155,000	15,000.0	7,500.0	17,730.0	8,865.0	27,450.00	13,725.00
13(10)	160,000	155,000 ～	165,000	16,000.0	8,000.0	18,912.0	9,456.0	29,280.00	14,640.00
14(11)	170,000	165,000 ～	175,000	17,000.0	8,500.0	20,094.0	10,047.0	31,110.00	15,555.00
15(12)	180,000	175,000 ～	185,000	18,000.0	9,000.0	21,276.0	10,638.0	32,940.00	16,470.00
16(13)	190,000	185,000 ～	195,000	19,000.0	9,500.0	22,458.0	11,229.0	34,770.00	17,385.00
17(14)	200,000	195,000 ～	210,000	20,000.0	10,000.0	23,640.0	11,820.0	36,600.00	18,300.00
18(15)	220,000	210,000 ～	230,000	22,000.0	11,000.0	26,004.0	13,002.0	40,260.00	20,130.00
19(16)	240,000	230,000 ～	250,000	24,000.0	12,000.0	28,368.0	14,184.0	43,920.00	21,960.00
20(17)	260,000	250,000 ～	270,000	26,000.0	13,000.0	30,732.0	15,366.0	47,580.00	23,790.00
21(18)	280,000	270,000 ～	290,000	28,000.0	14,000.0	33,096.0	16,548.0	51,240.00	25,620.00
22(19)	300,000	290,000 ～	310,000	30,000.0	15,000.0	35,460.0	17,730.0	54,900.00	27,450.00
23(20)	320,000	310,000 ～	330,000	32,000.0	16,000.0	37,824.0	18,912.0	58,560.00	29,280.00

（出所）　全国健康保険協会

≪ポイント≫報酬月額が30万円の被保険者の場合
　標準報酬月額表の標準報酬等級は19等級に該当し，標準報酬月額は300,000円となります。従いまして，厚生年金保険料は，27,450円となります（令和5年3月分からの場合です）。

(3)　当月分の社会保険料を翌月分の給与から控除する

　入社時は，被保険者資格を取得した月（入社月）から厚生年金保険料が発生しますが，当月分の厚生年金保険料の控除は，翌月の給与支払い時に行います。

　入社日が4月1日で，給与支払日が毎月20日の場合，4月分の厚生年金保険料は5月20日の給与から控除することになります。

　退職時は，資格喪失日は退職日の翌日となり，資格喪失日の属する月の

厚生年金保険料は徴収されません。10月25日に退職した場合は，10月26日が資格喪失日となり，10月は資格喪失月となるため，10月分の厚生年金保険料は徴収されません。9月分の保険料まで徴収されます。

≪ポイント≫入社した月に退職した場合
　厚生年金保険の資格取得月に，資格を喪失した場合は，厚生年金保険料の納付が必要になります。ただし，さらにその月に他社で厚生年金保険の資格取得または国民年金（第2号被保険者を除きます）の資格取得をした場合は，先に喪失した厚生年金保険料の納付は不要です。年金事務所から厚生年金保険料の還付があるため，還付後，被保険者負担分は会社から被保険者であった人（給与から徴収していた場合）へ還付します。

3 給与計算時の雇用保険料の徴収

雇用保険料の徴収は，以下(1)〜(2)の手順に沿って進めていきます。

(1) 雇用保険料率を確認する

雇用保険料は，事業主と労働者の双方で負担します。保険料率は事業の種類によって異なります。各保険料率（令和5年4月〜）は，次の図表のとおりです。

	雇用保険料率	労働者負担	事業主負担
一般の事業	15.5／1,000	6／1,000	9.5／1,000
農林水産・清酒製造の事業	17.5／1,000	7／1,000	10.5／1,000
建設の事業	18.5／1,000	7／1,000	11.5／1,000

※雇用保険料率は，令和5年4月〜の料率です。

(2)　雇用保険料を計算し，控除する

　一般の事業の労働者の賃金が30万円の場合は，労働者負担の雇用保険料率は，6／1,000になりますので，雇用保険料は次のとおりとなります。

$$300,000円 × 6 ／ 1,000 = 1,800円$$

　社会保険料は，当月分の保険料を翌月分の賃金から控除しましたが，雇用保険料は，実際に当月支払う賃金から控除します。

　賃金となるかならないかの基準は，次の図表のとおりです。

≪賃金となるもの，ならないもの≫

賃金となるもの	賃金とならないもの
●基本給・固定給等基本賃金 ●時間外労働手当・深夜手当・休日手当など ●扶養手当・子供手当・家族手当など ●宿・日直手当　●役職手当・管理職手当など ●地域手当　　●住宅手当　　●教育手当 ●単身赴任（別居）手当　●技能手当 ●特殊作業手当　●奨励手当 ●物価手当　　●調整手当 ●賞与　　　　●通勤手当 ●休業手当　　●前払い退職金 ●定期券・回数券など ●創立記念日等の祝金（恩恵的なものでなく，かつ，全労働者または相当多数に支給される場合） ●チップ（奉仕料の配分として事業主から受けるもの） ●雇用保険料その他社会保険料（労働者の負担分を事業主が負担する場合） ●住居の利益（社宅などの貸与を行っている場合のうち貸与を受けない者に対し均衡上住宅手当を支給する場合）	○休業補償費　　○退職金 ○結婚祝金　　　○死亡弔慰金 ○災害見舞金　　○増資記念品代 ○私傷病見舞金 ○解雇予告手当（労働基準法第20条の規定に基づくもの） ○年功慰労金 ○出張旅費・宿泊費など（実費弁償的なもの） ○制服 ○会社が全額負担する生命保険の掛金 ○財産形成貯蓄のため事業主が負担する奨励金など（労働者が行う財産形成貯蓄を推奨援助するため事業主が労働者に対して支払う一定の率または額の奨励金など） ○住居の利益 （一部の労働者に社宅などの貸与を行っているが，他の者に均衡給与が支給されない場合）

≪ポイント≫労災保険料の控除は行うのか？
　労災保険料は全額事業主負担になるため，毎月の賃金支払いのときに控除する必要はありません。

4　賞与計算時の労働保険料・社会保険料の徴収

　賞与計算時の雇用保険料，健康保険料（介護保険料），厚生年金保険料の徴収は，以下(1)～(2)の手順に沿って進めていきます。

(1)　賞与から雇用保険料を控除する

　雇用保険料は，毎月の賃金と同様に，事業主と被保険者の双方で負担します。保険料率は事業の種類によって異なります。各保険料率（令和5年4月～）は，次の図表のとおりです。一般の事業の被保険者の賞与が300,000円の場合は，被保険者負担の雇用保険料率は，5／1,000となりますので，雇用保険料は300,000円×6／1,000＝1,800円となります。

	雇用保険料率	被保険者負担	事業主負担
一般の事業	15.5／1,000	6／1,000	9.5／1,000
農林水産・清酒製造の事業	17.5／1,000	7／1,000	10.5／1,000
建設の事業	18.5／1,000	7／1,000	11.5／1,000

※雇用保険料率は，令和5年4月～の料率です。

(2)　賞与から健康保険料（介護保険料），厚生年金保険料を控除する

　賞与から，毎月かかる保険料と同じ保険料率を乗じて賞与にかかる保険料を求めます。標準賞与額（1,000円未満を切り捨てた額）にそれぞれの保険料率を乗じて計算します。協会けんぽ（東京都）の健康保険料率は，

標準賞与額に100／1000を乗じた額です。会社と労働者の負担は，折半負担になりますので，事業主が50／1,000，被保険者が50／1,000の負担となります。同様に，介護保険料，厚生年金保険料も計算していきます。

社会保険	保険料率	被保険者負担	事業主負担
健康保険	100／1,000	50／1,000	50／1,000
介護保険	18.2／1,000	9.1／1,000	9.1／1,000
厚生年金保険	183／1,000	91.5／1,000	91.5／1,000

令和 5 年 3 月からの保険料率

　資格喪失日の属する月に支払われた賞与からは，社会保険料は徴収されません。ただし，資格喪失日は退職日の翌日になるため，月末に退職した場合，資格喪失日は翌月 1 日となり，社会保険料を徴収します。たとえば，12月10日に賞与が支給され，12月15日に退職した場合は，資格喪失月は12月となるため，社会保険料は徴収されません。12月31日に退職した場合は，資格喪失日は 1 月 1 日となり， 1 月が資格喪失月となります。そのため，12月に支払われた賞与からは社会保険料を徴収します。

≪ポイント≫賞与が30万円の労働者（一般の事業，介護保険該当）の場合
　雇用保険料は，賞与額に毎月と同様の雇用保険料率を乗じます。
　標準賞与額は300,000円となるため，この額に各保険料率を乗じます。
- 雇用保険料：300,000円× 6 ／1,000＝1,800円
- 健康保険料：300,000円×50／1,000＝15,000円
- 介護保険料：300,000円×9.1／1,000＝2,730円
- 厚生年金保険料：300,000円×91.5／1,000＝27,450円

※標準賞与額の上限は，健康（介護）保険は，年度累計（毎年 4 月 1 日～翌年 3 月31日）で573万円，厚生年金は 1 か月につき150万円となります。

5 社会保険の定時決定（算定基礎届）

　被保険者資格を取得したときに標準報酬月額が決定されますが，昇給などによって月々の報酬額は変動します。決定されている標準報酬月額と実際の報酬額に大きな差が生じないように毎年1回，標準報酬月額の見直しを行います。これを「定時決定」といいます。定時決定のために，毎年7月上旬に「健康保険・厚生年金保険被保険者報酬月額算定基礎届」（以下，「算定基礎届」）を管轄の年金事務所などに提出します。定時決定によって見直された標準報酬月額は，原則9月から翌年8月まで適用されます。

(1)　対象者
　7月1日現在，事業所に使用されている全被保険者が対象になります。ただし，次に該当する人を除きます。
① 　6月1日〜7月1日に資格の取得をして被保険者となった人
② 　7月1日までに資格の喪失をした人
③ 　7月〜9月に標準報酬月額の随時改定が行われる人（行われる予定の人）
④ 　7月〜9月に産前産後休業終了時改定・育児休業等終了時改定が行われる人（行われる予定の人）

(2)　報酬月額の算定方法
　4月，5月，6月の3か月間に実際に支払われた報酬の平均額を算出し，報酬月額とします。社宅や飲食のまかないなどの現物給与も報酬に含める場合がありますので，注意が必要です。
　4月，5月，6月の報酬の支払基礎日数が17日以上ある月は計算の対象となります。17日未満の月がある場合は，その月は除いて計算します。

月	支払基礎日数	基本給	○○手当	合計
4月	31日	230,000	20,000	250,000
5月	30日	230,000	20,000	250,000
6月	31日	230,000	20,000	250,000
15日締・当月25日支払の「支払基礎日数」です。 4月は、「3月16日〜4月15日」で31日です。			総計	750,000
			平均額	250,000

※標準報酬月額は，[健康保険260,000円][厚生年金保険260,000円] となります。

【支払基礎日数による算定の方法】

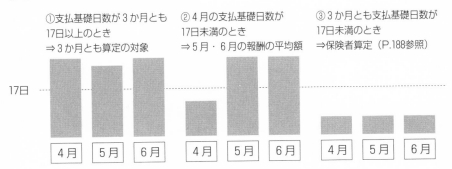

①支払基礎日数が3か月とも17日以上のとき
⇒3か月とも算定の対象

②4月の支払基礎日数が17日未満のとき
⇒5月・6月の報酬の平均額

③3か月とも支払基礎日数が17日未満のとき
⇒保険者算定（P.188参照）

17日

| 4月 | 5月 | 6月 | 4月 | 5月 | 6月 | 4月 | 5月 | 6月 |

≪社会保険の報酬となるもの・ならないもの≫

	報酬となるもの	報酬とならないもの
通貨で支給されるもの	基本給（月給，日給，時給など），家族手当，住宅手当，通勤手当，食事手当，役付手当，職階手当，早出手当，残業手当，皆勤手当，能率手当，生産手当，休業手当，育児休業手当，介護休業手当，各種技術手当，宿日直手当，勤務地手当，賞与等（年4回以上支給のもの）	解雇予告手当，退職手当など 結婚祝金，災害見舞金，病気見舞金など（恩恵的に交付されるもの） 年金，恩給，健康保険の傷病手当金，労災保険の休業補償給付など 家賃，地代，預金利子，株主配当金など 大入袋など　出張旅費など 賞与等（年3回以下支給のもの）
現物で支給されるもの	食事，食券など 社宅，独身寮など 通勤定期券，回数券 給与としての自社製品など	食事（本人からの徴収金額が，標準価額より算定した額の2/3以上の場合） 住宅（本人からの徴収金額が，標準価額により算定した額以上の場合） 被服（事務服，作業服等の勤務服など）

≪パートタイマーの取扱い≫

短時間就労者（パートタイマー）の場合は，次のとおりに計算します。

① 4月，5月，6月の3か月間のうち支払基礎日数が17日以上の月が1か月以上ある場合

該当月の報酬総額の平均を報酬月額として標準報酬月額を決定します。

② 4月，5月，6月の3か月間のうち支払基礎日数がいずれも17日未満の場合

3か月のうち支払基礎日数が15日以上17日未満の月の報酬総額の平均を報酬月額として標準報酬月額を決定します。

③ 4月，5月，6月の3か月間のうち支払基礎日数がいずれも15日未満の場合

従前の標準報酬月額にて引き続き定時決定します。

特定適用事業所，任意特定適用事業所の短時間労働者の場合は，支払基礎日数が11日以上の月を算定の対象とします。

◎特定適用事業所……厚生年金保険の被保険者数が501人を超える（直近1年のうち6か月以上）適用事業所。令和4年10月からは「100人を超える」適用事業所となっています。

◎任意特定事業所……特定適用事業所以外の適用事業所で，社会保険加入について「労使合意」を行った事業所

≪保険者算定≫

支払基礎日数が3か月とも17日未満の場合の標準報酬月額は，保険者など（厚生労働大臣または健康保険組合）が特別な方法で算定して決定します。これを「保険者算定」といいます。算定が困難な場合などは従前の標準報酬月額が引き続き適用されます。

欠勤などによって3か月とも17日未満の場合や育児休業などで3か月と

も無給だった場合などがあてはまります。

　また，業種によっては，4月から6月まで残業が多くそのまま算定すると不当になる場合もあります。「3か月平均（4月〜6月）と年平均（前年7月〜6月）で算出した標準報酬月額に2等級以上の差が生じ」，その差が「業務の性質上例年発生することが見込まれる」場合は，事業主の申し立て（被保険者の同意が必要）により，年平均で算定した標準報酬月額で決定します。

○届出手続き

　年金事務所および健康保険組合などに，次の書類を提出します。

提出先	管轄の年金事務所（事務センター）および健康保険組合
必要書類	健康保険・厚生年金保険被保険者報酬月額算定基礎届
添付書類など	なし
提出をする人	事業主
期日	毎年7月1日から7月10日まで

6　社会保険の随時改定（月額変更届）

　毎年1回，7月に標準報酬月額の見直し（定時決定）を行います。見直しされた標準報酬月額は，原則9月から翌年8月まで適用されます。しかし，その間に基本給や通勤手当などの固定的賃金に大幅な変動があったときには，標準報酬月額を改定する必要があります。これを「随時改定」といいます。「健康保険・厚生年金保険被保険者報酬月額変更届」（以下，「月額変更届」）を管轄の年金事務所などに提出します。

(1) 随時改定の確認方法

次の要件すべてにあてはまった場合, 随時改定の必要があります。

① 昇給や降給などにより, 固定的賃金に変動があったとき

② 固定的賃金の変動月から3か月の報酬平均が, 今までの標準報酬月額と比較して2等級以上の差があるとき

③ 固定的賃金の変動月から継続する3か月の支払基礎日数が17日 (短時間労働者は11日) 以上あるとき

(2) 固定的賃金の確認

① 固定的賃金の確認

まずは, 固定的賃金を確認します。固定的賃金とは, 稼働や能率に関係なく毎月一定額 (率) が支給されるものです。

固定的賃金	非固定的賃金
基本給 (月給, 週給, 日給), 通勤手当, 家族手当, 役職手当, 住宅手当など	残業手当, 宿日直手当, 皆勤手当, 能率手当, 精勤手当など

② 固定的賃金の変動

昇給・降給, 家族手当・住宅手当などの固定的な手当額の変更, 日給や時給などの基礎単価の変更などがあったときに, 固定的賃金の変動となります。

次の図表のとおり, 「固定的賃金」と「2等級以上の差 (増減)」の矢印が同じ向きのときに, 随時改定となります。

報	固定的賃金	↑	↑	↑	↓	↓	↓
酬	非固定的賃金	↑	↓	↓	↓	↑	↑
2等級以上の差 (増減)		↑	↑	↓	↓	↓	↑
随時改定		○	○	×	○	○	×

↑:増　　↓:減　　○:該当　　×:非該当

(3)　随時改定の計算方法

　固定的賃金が変動した3か月間に実際に支払われた報酬の平均額を算出し，報酬月額とします。この報酬月額から標準報酬月額を算定し，従前の標準報酬月額と比較して2等級以上の差があれば，随時改定となります。

月	支払基礎日数	基本給	○○手当	合計
7月	31日	260,000	20,000	280,000
8月	30日	260,000	20,000	280,000
9月	31日	260,000	20,000	280,000
7月支払い分から，基本給が4万円昇給した場合			総計	840,000
			平均額	280,000

【従前の標準報酬月額240,000円】

　上記の標準報酬月額は280,000円となり，2等級以上の差があるため，随時改定となります。

> ≪ポイント≫標準報酬月額の上限と下限
> 　標準報酬月額には上限と下限があるため，報酬が大幅に変動しても2等級以上の差が生じない場合もあります。また，1等級差でも随時改定の対象となるのは，次のとおりです。

■健康保険

昇給・降給	従前の標準報酬月額	3か月平均の報酬月額	改定後の標準報酬月額
昇給の場合	49等級・1,330,000円	1,415,000円以上	50等級・1,390,000円
	1等級58,000円で報酬月額53,000円未満	63,000円以上	2等級・68,000円
降給の場合	50等級・1,390,000円で報酬月額1,415,000円以上	1,355,000円未満	49等級・1,330,000円
	2等級・68,000円	53,000円未満	1等級・58,000円

■厚生年金保険

昇給・降給	従前の標準報酬月額	3か月平均の報酬月額	改定後の標準報酬月額
昇給の場合	31等級・620,000円	665,000円以上	32等級・650,000円
	1等級88,000円で 報酬月額83,000円未満	93,000円以上	2等級・98,000円
降給の場合	32等級・650,000円で 報酬月額665,000円以上	635,000円未満	31等級・620,000円
	2等級・98,000円	83,000円未満	1等級・88,000円

≪保険者算定≫

　昇給のさかのぼり支給などがあった場合，通常の算定方法で算定すると，「著しく不当になる場合」があります。そのような場合は，定時決定の場合と同じように「保険者算定」を行い，従前の標準報酬月額が引き続き適用されます。

　また，定時決定の場合と同様に，「3か月平均（4月～6月）と年平均（前年7月～6月）で算出した標準報酬月額に2等級以上の差が生じ」，その差が「業務の性質上例年発生することが見込まれる」場合は，事業主の申し立て（被保険者の同意が必要）により，年平均で算定した標準報酬月額で随時改定します。

○届出手続き

　年金事務所および健康保険組合などに，次の書類を提出します。

提出先	管轄の年金事務所（事務センター）および健康保険組合
必要書類	健康保険・厚生年金保険被保険者報酬月額変更届
添付書類など	なし
提出をする人	事業主
期日	随時改定の要件に該当したとき，すみやかに

7 賞与を支払ったとき（賞与支払届）

　賞与を支給したときは，事業主は年金事務所などに「健康保険・厚生年金保険被保険者賞与支払届」を届け出る必要があります。

(1)　標準賞与額

　標準賞与額とは，被保険者に支給される賞与の1,000円未満を切り捨てた額です。標準賞与額には，健康保険と厚生年金保険で上限額が設定されています。年4回以上支給される場合は，賞与として取り扱わず，標準報酬月額の対象となります。

≪標準賞与額の上限額≫

健康保険	年度（毎年4月1日〜翌年3月31日）累計で5,730,000円
厚生年金保険	支給1月につき1,500,000円

(2)　標準賞与額の対象となるもの・ならないもの

対象となるもの	対象とならないもの
• 賞与（役員賞与含む），ボーナス，期末手当，決算手当，年末手当，夏期手当，冬期手当，越年手当，年末一時金，繁忙手当，勤勉手当など賞与と同じ性質をもつと認められるもので，年間支給回数が3回以下のもの • 寒冷地手当，石炭手当，薪炭手当など同じ性質をもつもので，年間支給回数が3回以下のもの • 上記のうち通貨で支給されるもののほか，自社製品など現物で支給されるもの	• 賞与等（年4回以上支給のもの） • 解雇予告手当，退職金，年金，恩給，株主配当金など • 恩恵的に支給される結婚祝金，災害見舞金，病気見舞金など

(3)　資格喪失月の賞与

　資格喪失月に支払われた賞与には，社会保険料はかかりません。ただし，資格喪失の前日までに支払われた賞与は，健康保険の年度累計の対象になるため，賞与支払届の届け出が必要になります。

〇届出手続き

　年金事務所および健康保険組合などに，次の書類を提出します。

　賞与支払予定月に賞与の支払いがなかったときは，「不支給」として「賞与不支給報告書」のみ提出します。

提出先	管轄の年金事務所（事務センター）および健康保険組合
必要書類	健康保険・厚生年金保険被保険者賞与支払届
添付書類など	なし
提出をする人	事業主
期日	賞与を支払った日から5日以内

◯ コラム ◯

賃金支払いの5原則

　労働基準法第24条では賃金の支払いについて，次の5つの原則を定めています。

① 通貨払いの原則
　賃金は，法令または労働協約で別段の定めがある場合を除き，原則として，通貨で支払わなければなりません。労働者の同意がある場合，労働者の預貯金口座に振り込むことが可能です。振り込む場合は，賃金支払日の午前10時までに引き出しが可能となっている必要があります。

② 直接払いの原則
　賃金は，労働者本人に直接支払わなければなりません。労働者が未成年者の場合も，親や代理人に支払うことはできません。ただし，労働者が病気などで欠勤している場合は，その家族などの使者に対して支払うことは認められています。

③ 全額払いの原則
　賃金から，社会保険料や所得税など，法令で定められているもの以外を控除する場合には，労働者の過半数で組織する労働組合がある場合はその労働組合，労働組合がない場合は労働者の過半数を代表する者との間に，労使協定を結ばなくてはなりません（労働基準監督署への届出は不要です）。

④ 毎月1回以上払いの原則
　賃金は毎月1回以上，一定の期日に支払日を決めて支払わなければなりません。賃金の締日や支払日が変更になる場合は，注意が必要です。
　ただし，賞与には，この原則が適用されません。

⑤ 一定期日払いの原則
　給与は，「毎月20日」や「毎月末日」など日を特定して支払う必要があります。「毎月第4水曜日」や「毎月20日から25日の間」のような変動性のある支払い方法

はとれません。ただし，賃金支払日が休日にあたる場合は，支払日の前日への繰上げ，翌日への繰下げは認められています。その場合は，就業規則（賃金規程）で取り扱いを定めておきます。

○ノーワーク・ノーペイの原則

　労働者に遅刻や欠勤などがあった場合，それに対応する部分の賃金を支払わないことは，労働基準法第24条違反にはなりません。就業規則（賃金規程）で，遅刻や欠勤の場合の賃金の取扱いについて定めておくと良いでしょう。

　ただし，「5分の遅刻を30分の遅刻として賃金をカットすること」や「遅刻3回（10分×3回＝合計30分の遅刻）で1日分の賃金をカットすること」は，違法となりますので，～30万円以下の罰金刑となります。

　賃金支払いの5原則に違反した場合は，30万円以下の罰金刑となります。

◯ コラム ◯

年齢による労働保険・社会保険関連の注意点

　労働保険・社会保険では，年齢の節目で，手続きが発生したり，給与計算での控除の変更などが生じます。従業員各人の年齢や誕生日を把握したうえで，適切に処理を行います。

◯40歳になったとき
　介護保険の第2号被保険者となるため，介護保険料の徴収が必要になります。介護保険料は，満40歳に達した月（40歳の誕生日の前日が属する月）から控除します。

◯60歳になったとき
　雇用保険の高年齢雇用継続給付の手続き，社会保険の同日得喪手続き（一旦資格喪失をして，再取得する手続き）などが必要にある場合があります。

◯65歳になったとき
　介護保険の第2号被保険者から第1号被保険者となるため，介護保険料の徴収がなくなります。給与計算では，満65歳に達した月（65歳の誕生日の前日が属する月）分までを控除します。その後（第1号被保険者）の介護保険料は年金から天引きされます。

◯70歳になったとき
　厚生年金の被保険者資格が喪失となります。被保険者の資格は喪失しますが，報酬と老齢年金の調整は行われます。また，厚生年金保険料の徴収は終了しますが，健康保険料は引き続き75歳になるまで徴収されます。

◯75歳になったとき
　健康保険の被保険者資格が喪失となります。健康保険料の徴収も終了します。75歳以降は，後期高齢者医療制度に自動的に加入します。

【参考文献一覧】

『社会保険・労働保険の事務百科』　社会・労働保険実務研究会／清文社
『労働保険の実務相談』　全国社会保険労務士会連合会／中央経済社
『社会保険の実務相談』　全国社会保険労務士会連合会／中央経済社

おわりに

　当事務所では，実務において，給与計算事務や退職金支給などで，「住民税の手続きはどのようにすればいいのか？」「退職金にかかる税金はどうなるのか？」など，クライアント様から税務に関するご質問をいただくことがあります。

　そのときは，「当方はこのようになると考えますが，詳細は専門の顧問税理士先生へお尋ねください。」とお答えするようにしています。

　税務に関する予備知識をもとにクライアント様に簡潔に説明し，税理士先生をご紹介することもあります。

　税理士や公認会計士の先生は，お互いの専門知識を補完し助け合いながら一緒に仕事を行う心強いビジネスパートナーです。

　第1版刊行後，多くの税理士の先生方に反響をいただき，本書籍をもとに身近の社会保険労務士をクライアント様にご紹介したという話も伺っています。また，多くの企業経営者や総務担当の方々にもご活用いただいております。この紙面を借りて改めてお礼申し上げます。

　本書は，労働保険・社会保険の基礎知識について，できる限りわかりやすく体系的に記載させていただきました。

　労働保険・社会保険の予備知識として，またご自身の事務所の実務のガイドとしてご活用いただけますと幸いです。

＜著者紹介＞

金山　驍 （かなやま　つよし）

1978年4月生まれ　東京都出身

社会保険労務士　金山経営労務事務所所長
社会保険労務士，医療労務コンサルタント
日本大学大学院グローバル・ビジネス研究科中小企業経営コース卒業（MBA：経営学修士）

東京都新宿区西新宿にて事務所を運営。
都内の社会保険労務士事務所での実務修行を経て，若干28歳のときに事務所を独立開業。
1人から数千人規模の会社の労務コンサルティングを手掛け，携わった法人の業務案件は
150社を超える。特に病院・クリニック・歯科医院・整骨院・動物病院など医療系の労務
対策に強みがある。
新聞（日経新聞，東京新聞，読売新聞），各専門誌（労務事情，企業実務等），みずほ総合
研究所情報誌，書籍等の執筆・掲載実績及び東京商工会議所・大手金融機関・大手書店で
のセミナー等，講演実績多数。
社会保険労務士金山経営労務事務所・所長，株式会社総務ソリューションズ代表取締役。
趣味はゴルフ，将棋。養神館合気道二段。

◆社会保険労務士　金山経営労務事務所
HP：https://www.office-kanayama.jp/

◆主な著書
- 『10年継続できる士業事務所の経営術─安定運営のための48のポイント─』合同フォレスト
- 『新しい労働時間管理─導入と運用の実務─』日本実業出版社（共著）
- 『メンタルヘルスハンドブック』，『退職金・年金・継続雇用ハンドブック』産労総合研究所（執筆協力）

税理士・会計事務所職員のための

労働保険・社会保険の基礎知識（第2版）

2021年11月15日　第1版第1刷発行	
2022年 4 月20日　第1版第3刷発行	
2023年 4 月25日　第2版第1刷発行	

著　者　金　　山　　　　曉

発行者　山　　本　　　　継

発行所　㈱中 央 経 済 社

発売元　㈱中央経済グループ
　　　　パ ブ リ ッ シ ン グ

〒101-0051　東京都千代田区神田神保町1-31-2
電話　03（3293）3371（編集代表）
　　　03（3293）3381（営業代表）
https://www.chuokeizai.co.jp

印刷／東光整版印刷㈱
製本／㈲井 上 製 本 所

©2023
Printed in Japan

●おすすめします●

税理士・会計事務所職員のための

不動産取引の基礎知識

佐々木 重徳　著

税理士や事務所職員が不動産譲渡や
相続、事業承継で不動産を扱う際に
欠かせない基礎知識が満載。実際に
ホームページや役所で扱う様式等を
用いて丁寧に解説。

●中央経済社●

●おすすめします●

税理士・会計事務所職員のための

業績改善の基礎知識

田村 和己 著

月次業績管理、予算管理、経営計画
管理を体系的に解説するとともに、
業績改善へのシナリオを前提に先人
の知見や著者の経験を交えながら、
より実践的なノウハウを具体的に示
す。

業績管理　Basic
第Ⅰ章　業績管理の重要性とその効果
第Ⅱ章　業績管理のストーリー MaPS
第Ⅲ章　業績管理の成功要因 PWC
第Ⅳ章　業績管理のマニュアル化

業績管理　Practice
第Ⅴ章　導入前の心得－危機感を盛り上げ課題を共有化
第Ⅵ章　月次決算制度の整備
第Ⅶ章　原価（粗利益）管理制度の整備
第Ⅷ章　部門別損益管理制度の整備
第Ⅸ章　予算管理制度の整備
第Ⅹ章　戦略的経営計画の整備

●中央経済社●